Monte Pelmo (links) und Civetta vom Ombrettapass, Dolomiten, 1966

Jürgen Winkler
Aus den Bergen

Photographien in Schwarzweiß

BERG

Mont Maudit und Montblanc du Tacul, Montblancgruppe, 1971

VORWORT

Meine besten Schwarzweißaufnahmen aus den Bergen zusammenzustellen, war die Idee zu diesem Buch. Ein kompakter Bildband in hochwertiger Druckqualität sollte es werden, mit Bildern, die hauptsächlich in den Alpen in den Jahren von 1959 bis 1976 entstanden sind. Das waren die Jahre, in denen ich meine Lehre im Photographenhandwerk absolvierte, die ersten Schritte im Gebirge tat, schwierigste Alpentouren kennenlernte, das Patent für Berg- und Skiführer erwarb und das Glück und die Möglichkeit hatte, zu den Bergen der Welt zu reisen.

Gegen Mitte der siebziger Jahre war Schwarzweiß immer weniger gefragt. Daraus ergab sich, daß ich mich auf Farbphotographie umstellte und nur noch selten einen Schwarzweißfilm in die Kamera einlegte. Im Lauf der Jahre veränderte sich nicht nur vieles in den Alpen, sondern auch meine Interessen und Sehweise durch gemachte Erfahrungen. Ich begann, das Gebirge aus einem anderen Blickwinkel zu sehen: Es war nicht mehr die heile Welt von damals, eher ein empfindsamer, verletzlicher Körper, der aus maßloser Profitgier geschunden und vergewaltigt wird – ohne Rücksicht auf Verluste. Aus dieser Situation heraus fand ich von der Farb- zurück zur Schwarzweißphotographie, die weniger schönt, ehrlicher und kompromißloser ist. Somit ergänzen drei Aufnahmen aus den letzten Jahren die Auswahl an Bildern.

Um zusätzliche Einblicke und Informationen zu geben, erhielt jedes Bild eine ausführliche Legende. Meine Tagebücher waren eine wertvolle Hilfe beim Schreiben, sie ermöglichten in Verbindung mit den Bildern, die Situation von damals ins Gedächtnis zurückzurufen. Die Arbeit an diesem Buch war eine Wanderung in die Vergangenheit, jene Zeit, in der die Berge mein Lebensraum wurden – eine gute Zeit, gefüllt mit intensivem Leben.

Jürgen Winkler

Grandes-Jorasses-Nordwand, Montblancgruppe, 1966

DAS BILD DER BERGE

Meer und Gebirge sind die beiden gegensätzlichsten Landschaftsformen der Erde. Zwischen diesen Extremen liegt mehr oder weniger unser Lebensraum. Sie haben den Menschen immer wieder wegen ihrer Geheimnisse und Rätsel, aber auch wegen ihrer Bedrohlichkeit und dem Unbekannten in fast unerklärlicher Weise angezogen. Berge und Gebirge haben die Menschen in unterschiedlicher Weise beschäftigt. Einerseits sahen sie in ihnen jene unwirtlichen, schrecklichen und abweisenden Gegenden, in denen Dämonen, Unholde und andere Fabelwesen zu Hause sind, andererseits aber auch heilige Plätze, Götterthrone, Pilgerstätten, Orte starker Energie und Spiritualität.

Wann Künstler erstmals das Gebirge zum Inhalt ihrer Bilder machten, läßt sich schwer belegen. Zu den ganz frühen Darstellungen in der Malerei zählen sicherlich Arbeiten aus China, breitformatige Gebirgslandschaften des Meisters Wang Wei aus dem achten Jahrhundert. In Europa wecken die Berge erst wesentlich später, während der Renaissance, das Interesse der Maler. Zuerst sind sie noch Beiwerk und dienen der Hintergrundgestaltung (z. B. bei Leonardo da Vinci oder Raffael), später werden sie zum Hauptthema wie bei Dürer, Altdorfer und anderen.

Das photographische Abbild der Berge ist fast so alt wie die Photographie selber. Überwiegend Maler waren es, die sich dem neuen Medium zuwandten und es nutzten. Sie waren begeistert von der »naturgetreuen« Abbildung, einem vorher nie gesehenen Detailreichtum – selbst bei Verwendung einer Lupe zeigte die Aufnahme noch Feinheiten, die dem bloßen Auge verborgen blieben. Das war schon damals einer der Vorteile der Photographie gegenüber der Malerei, aber gleichzeitig stehen so große Nachteile und Gegensätzlichkeiten im Raum, daß man diese beiden Medien nicht miteinander vergleichen sollte. Denke man nur an die vielen Möglichkeiten und Freiheiten eines Malers gegenüber den Abhängigkeiten und dem eingeengten Spielraum eines Lichtbildners! Beide Medien haben sich immer wieder gegenseitig befruchtet, letztendlich aber in unterschiedliche Richtungen entwickelt.

Photographie im Gebirge war und ist für viele Menschen hauptsächlich ein Dokumentieren von Landschaften und Gipfeln sowie das Festhalten einer Bergtour in Einzelbildern. Bei oberflächlicher Betrachtung kann leicht der Eindruck entstehen, nichts sei einfacher als das Abbild der Berge. Wo gibt es eine ähnliche Landschaft, die so vielfältig und abwechslungsreich ist, die eine solche Fülle von Motiven bietet? Doch genau hierin liegt die Schwierigkeit: aus diesem Überangebot das Eindrucksvolle und Wesentliche herauszusehen und in ein von der Wirklichkeit losgelöstes Bild umzusetzen.

Wenn Photographie über das bloße Ablichten hinausgehen soll, dann müßte der Lichtbildner fähig sein, Emotionen und Empfindungen zu vermitteln. Das Geheimnisvolle, die Größe und Erhabenheit, das Abweisende und Menschenfeindliche des Gebirges, die Einsamkeit, Wärme, Kälte, den Sturm und die Gefahr müßte der Betrachter spüren und nachempfinden können. Solche Aufnahmen entstehen selten durch Zufall, als Schnappschüsse oder durch Eingebung von oben. Sie sind eher die Summe aus Geduld und Einfühlungsvermögen, aus Fleiß und Ausdauer; oft müssen sie hart erarbeitet werden. In der Landschaft lassen sich keine Lampen rücken, kein Licht verändern, keine Dinge umstellen. Der Photograph der Berge ist Wartender, stiller Beobachter – kein Macher. Er kommt mehrmals zu einem guten Standpunkt, steigt schon bei Nacht hinauf, verharrt manchmal Stunden bei Wind und Kälte, bis Licht, Wolken und Stimmung den gewünschten Vorstellungen entsprechen. Kaum anderswo ist er so abhängig von Wetter und klimatischen Gegebenheiten wie in der Welt der Berge. Sein Motiv, ein Ausschnitt aus dem Ganzen, das er nicht beeinflussen kann, wird er mit Hilfe von Kamera, Objektiv und Sucher zu einem Bild gestalten. Wenn alles paßt – Ausschnitt, Licht und Schatten, Verteilung von Hell und Dunkel, wenn das Bild im Sucher den eigenen Vorstellungen am weitesten entspricht, drückt er für einen Moment den Auslöser.

Ein gutes Bergbild ist nicht nur einmalig, weil es eine ungewöhnliche Beleuchtung und Stimmung, einen ungewohnten Blickwinkel oder eine seltene Perspektive beinhaltet, sondern auch, weil es nur diesen einen Zustand während der kurzen Dauer der Belichtung zeigt. So gibt es noch weitere ungeahnte Möglichkeiten, Gebirge und Berge darzustellen; man wird sie nie ausschöpfen können, weil Berglandschaften so vielgestaltig sind, die atmosphärischen Gegebenheiten unendlich variieren und die Sehweisen sich verändern. Heute geht es weniger darum, Berge und Landschaften zu dokumentieren – in der enormen Flut der Bilder ist alles schon einmal dagewesen. Nicht das »Was«, sondern das »Wie« ist die stete Herausforderung an den Lichtbildner. Die Frage nach dem »Wie« gibt Anregungen und Impulse an die Phantasie.

Photographie im Hochgebirge unterscheidet sich von der allgemeinen Landschaftsphotographie hauptsächlich dadurch, daß sie mit viel größeren körperlichen Anstrengungen und Strapazen, oft sogar mit Gefahren verbunden ist. Das gilt natürlich nicht, wenn der Aufnahmestandpunkt ein Parkplatz an der Paßstraße ist, eine Bergbahnstation oder der sichere Balkon eines Berghotels. Photographie in den Bergen könnte man als Landschaftsphotographie in der Vertikalen bezeichnen. Wenn sich ein Photograph in der Ebene oder im Tal schon manchmal plagt, für sein Motiv einen geeigneten Standpunkt zu finden, um wieviel mehr Einsatz verlangt dann ein weg- und stegloses Gelände in Fels, Eis und Schnee. Im Gebirge, selbst im übererschlossenen Alpenraum, ist der Photograph fast immer zu Fuß unterwegs und schleppt einen gewichtigen Rucksack nebst Photoausrüstung. Während der Kollege unten im Tal eher kraftschonend mit dem Auto sein Ziel erreicht (nicht immer), steigt der andere schwitzend über Geröll und Schneefelder einem Ort entgegen, der ihm den besten Blickwinkel verspricht. Körperliche Anstrengung, Ermüdung und nachlassende Konzentration stehen in Abhängigkeit voneinander. Es ist ein Unterschied, ob man seine Energie für eine Aufgabe voll einsetzen kann oder sie halbieren muß. Zu all dem gesellt sich die psychische Belastung, ausgelöst durch Faktoren wie unbekanntes und schwieriges Gelände, unsichere Wetterverhältnisse, Probleme mit der Höhe und anderes mehr. Die Arbeit mit der Kamera im Hochgebirge erfordert neben alpiner Erfahrung, Können und Kondition auch eine Portion Idealismus und Liebe zur Natur.

Gehen wir einen Schritt weiter, gehen wir auf eine Bergtour, klettern wir durch eine Wand aus Fels, aus Eis oder über Nadeln und Türme eines Grates, suchen wir den Weg durch das Labyrinth der Gletscherspalten, durch steile Flanken zum Gipfel – wie viele eindrucksvolle Motive! Wer Aufnahmen vom Bergsteigen macht, ist kein Zaungast wie der Photograph im Stadion oder an der Rennbahn, er ist selbst Akteur und als Seilpartner – im wahrsten Sinne des Wortes – voll ins Geschehen eingebunden. Die Tour, der Gipfel und die sichere Rückkehr ins Tal, egal ob nach Stunden oder Tagen, sind vorrangig. Der Photographie wird mehr oder weniger eine untergeordnete Rolle zuteil, die weitgehend abhängig ist von Länge und Schwierigkeit des Weges, von der Verfassung des photographierenden Bergsteigers und natürlich von der Geduld oder Ungeduld der Kameraden am anderen Ende des Seils. Selbst der Laie kann leicht nachvollziehen, daß es auf einer schwierigen Route selten Möglichkeiten gibt, auch nur einige Meter vor, zurück oder seitwärts zu gehen, um eine bessere Aufnahmeposition zu erlangen. Warten auf besseres Licht oder die Wiederholung einer interessanten Stelle bleiben oft nur ein Wunsch. Da gibt es Situationen am Berg: wenn das Wetter umschlägt, dunkle Wolken und Nebel über die Grate ziehen, der Sturm Schneefahnen in den Himmel treibt, das Licht bedrohlich wird – ungewöhnliche Atmosphäre für ungewöhnliche Bilder. In solchen Fällen braucht es allerdings einige Überwindung, doch noch die Kamera zu betätigen, wenigstens für ein paar Schnappschüsse. Wie oft wird man verzichten, da Sicherheit, Durchkommen – manchmal geht es wirklich ums Überleben – einfach wichtiger sind.

Während der Arbeit an diesem Buch wird mir bewußt, daß wir große Touren gegangen sind, auf denen keine einzige Aufnahme entstanden ist, daß ich zwei Kameras durch Wände und über Grate geschleppt habe, ohne ein einziges Mal ausgelöst zu haben. Nicht selten stand die geringe Ausbeute an Bildern in keiner Relation zur Länge, der Schwierigkeit und dem klangvollen Namen der Tour.

Die oben erwähnten Gründe und andere mehr machen verständlich, warum es vom Bergsteigen, von den vielen Anstiegen in den Alpen oder in anderen Gebirgen der Welt, relativ wenig gute Aufnahmen gibt. Würde man die Ziele vertauschen – zum Beispiel eine Reportage über die Durchsteigung einer Wand erarbeiten, dann stünde die Photographie im Vordergrund und der Gipfel wäre zweitrangig. Ein Mehrfaches an Zeit würde man dann einplanen, vielleicht auch das eine oder andere Biwak. Gute Bilder wären das Ziel, und die Person mit der Kamera würde zum bergsteigenden Photographen, der beide Metiers beherrschen sollte. So eine Vorgehensweise wäre zu vergleichen mit dem professionellen Drehen eines Bergfilms.

Bilder aus Klettergärten waren bis Ende der siebziger Jahre kaum gefragt, bis mit dem Aufkommen des wiederentdeckten Freikletterns die kleinen und größeren Felslandschaften außerhalb der Alpen einen ganz neuen Stellenwert erhielten. Neben dem traditionellen Bergsteigen entwickelte sich ein reines Schwierigkeitsklettern, das im Wettkampf und in Hallenmeisterschaften, an künstlichen Griffen und Tritten, seine extremste Form gefunden hat. Diese hat sich inzwischen so stark verselbständigt, daß sie mit dem Alpinismus kaum noch etwas gemeinsam hat. Im Zuge dieser Entwicklung sind nun Felsen gefragt, möglichst schnell und leicht erreichbar, lieber auf der Sonnenseite gelegen als auf der schattigen, lieber in den wärmeren als in den frostigen Gegenden unseres Globus. Begabte Photographen haben hier eine Chance, relativ leicht gute Aufnahmen zu machen. Da gibt es keine schweren Rucksäcke und lange Zustiege, keine Wetterprobleme, Zeitdruck und objektive Gefahren. Hier kann sich der Photograph auf die Seite der Zuschauer begeben, kann gute Standpunkte suchen oder am fixen Seil neben den Akteuren auf- und absteigen. Sind die Bedingungen zur Zeit der Aufnahme nicht gut genug, dann läßt sich eine interessante Route oder Kletterstelle bei besserem Licht zu einem anderen Zeitpunkt wiederholen. Somit eröffnen sich kreative Möglichkeiten, die im Hochgebirge nur selten verwirklicht werden können. Neben einer hohen Qualität vieler Kletterbilder, in technischer wie in gestalterischer Hinsicht, ist es auffällig, daß hier durchwegs in Farbe und nicht in Schwarzweiß photographiert wird.

tagen, Collagen, Effekte mit Verwischen, grobem Korn und anderem mehr werden hier und dort eingesetzt, sind Möglichkeiten, der eigenen Kreativität Ausdruck zu verleihen. Alles ist erlaubt, alles ist legitim.

Moden und Strömungen in der Photographie, heute wie damals, interessieren mich. Ich habe sie beobachtet, bin ihnen aber in keine bestimmte Richtung gefolgt, und ich habe mich nicht festgelegt und angepaßt. Die Frage nach Vorbildern muß ich verneinen. Das heißt natürlich nicht, daß ich von den Werken eines Renger-Patzsch, Haas, Adams, Penn, Bresson, Ortiz-Echagüe, Porter, Hine, Weston oder anderen mehr nicht stark beeindruckt wäre. Faszinierende Aufnahmen bleiben im Gedächtnis haften und beeinflussen mehr oder weniger im Unterbewußtsein. Sie regen an und geben Denkanstöße für die eigene Arbeit.

Meine Bergbilder, auch jene mit Menschen, sind meistens überlegt und gestaltet, nur selten Schnappschüsse. Ich suche eher das ruhige und harmonische Bild, eine Wehr gegen das Laute, Schreiende, Chaotische. Innere Bewegung ist mir wichtiger als oberflächliche Hektik. Das schließt Aufnahmen mit Bildspannung und voller Kontraste nicht aus. Ein Bild muß nicht schön, sollte aber gut sein. Einfache und klare Darstellungen lassen der Phantasie des Betrachters einen größeren Spielraum als die überladenen und geschwätzigen.

Meine Suche nach neuen Ausdrucksformen, nach Möglichkeiten und anderen Wegen geht weiter, mit dem Bemühen, nicht in Verkrampfung zu geraten. Mit einer Portion Offenheit kann es gelingen, eingefahrene Schienen (die müssen nicht schlecht sein) hier und dort zu verlassen, um andere Blickwinkel, Standpunkte und neue Ansichten zu finden.

PHOTOGRAPHIE IM GEBIRGE

Angefangen hat es irgendwo und irgendwann einmal mit einem dunklen Raum, einem kleinen Loch in der Wand und einem aufmerksamen Beobachter, der auf der gegenüberliegenden Wand das Bild von draußen sah, aber auf dem Kopf stehend und seitenverkehrt. 300 Jahre vor Christus macht Aristoteles diese Entdeckung und beschreibt sie. 1200 Jahre später erklärt das Genie und Multitalent Leonardo da Vinci das Phänomen der Camera obscura (dunkle Kammer), und sein Landsmann Battista della Porta beschreibt 1558 in seinem Buch »Magia naturalis«, welche Möglichkeiten und Hilfe die Camera obscura dem Maler und Zeichner bietet, besonders im Umgang mit der Perspektive.

Später, im 17. und 18. Jahrhundert, baut man Holzkästen, etwa 50 bis 70 Zentimeter lang, setzt an Stelle des Lochs eine Sammellinse ein, die das Bild nicht mehr auf eine weiße Wand, sondern auf eine Mattscheibe projiziert. Diese kleine Camera obscura läßt sich umhertragen und ist ohne große Schwierigkeiten herstellbar. Eine weitere Verbesserung ist die Umlenkung des Bildes mit Hilfe eines Spiegels, der in einer Neigung von 45 Grad im Innern des Gehäuses angebracht wird. Diese Mattscheibe, nun nicht mehr hinten, sondern oben, erzeugt ein zwar noch seitenverkehrtes, aber doch aufrechtstehendes Bild – eine wesentliche Erleichterung bei der Arbeit des Zeichnens.

In jener Zeit wird die Camera obscura ständig weiter verbessert, und sie ist ein weitverbreiteter und wichtiger Ausrüstungsgegenstand von Malern, Zeichnern und Künstlern. Solch ein Gerät aus Kamerakörper, Mattscheibe, Spiegel und Linse ist der Vorreiter aller späteren Spiegelreflexkameras.

Camera obscura und Bild sind vorhanden, nun muß also noch die Photographie erfunden werden; es gilt, eine Möglichkeit zu finden, das auf der Mattscheibe sichtbare Bild festzuhalten. Schon seit langem beobachtete man das Phänomen, daß Licht Farben und Dinge beeinflußt und verändert. Johann Heinrich Schulze, ein in Nürnberg lebender Philosoph, Chemiker und Wissenschaftler, entdeckt 1727 bei Versuchen, daß eine Mischung aus Kreide, Salpetersäure und Silbernitrat sich dunkel färbt, wenn man sie dem Sonnenlicht aussetzt. Seine Experimente ermöglichen ihm, Schriftzüge in Form von Schablonen abzubilden.

Um das Jahr 1800 macht der Engländer Thomas Wedgewood mit der Camera obscura die ersten Aufnahmen. Als Bildträger benutzt er ein mit Silbernitrat präpariertes Papier. Zum dauernden Erfolg seiner Arbeit fehlt aber noch ein wesentlicher Schritt: Leider gelingt es ihm nicht, die Bilder haltbar zu machen – im Licht dunkeln sie nach.

Erfolgreicher ist der Franzose Joseph Nicéphore Niepce. Etwa im Jahre 1827 gelingt es ihm, ein Bild herzustellen, welches heute als die älteste noch erhaltene Photographie gilt. Niepce versieht eine Zinnplatte mit einer lichtempfindlichen Asphaltschicht, bestückt die Camera damit und photographiert aus dem Fenster seines Hauses. Angeblich soll sich die Belichtung über mehrere Stunden hingezogen haben. Anschließend wird die Platte in eine Flüssigkeit gegeben und mit Joddämpfen weiter behandelt. Das Ergebnis ist ein seitenverkehrtes Positiv auf einer Zinnplatte. Heute wird sie in der Gernsheim-Sammlung in Texas aufbewahrt. Während einer langen Reise über Paris nach London besucht Niepce in der französischen Metropole den Bühnenmaler Louis Jacques Mandé Daguerre. In einem Brief an seinen Sohn Isidore schreibt Niepce unter anderem begeistert von einem 14 mal 22 Meter großen Bühnenbild Daguerres, einem Dorf in der Schweiz mit gewaltigen Schneebergen im Hintergrund. Der Künstler Daguerre betreibt ähnliche Untersuchungen und Studien wie Niepce, um mit der Camera obscura gemachte Bilder zu konservieren. Zwei Jahre später, nach seiner Rückkehr aus England, beschließen Daguerre und Niepce, ihre Arbeit und Forschung gemeinsam weiterzuführen. Beide unterzeichnen im Dezember 1829 einen Zehnjahresvertrag der Zusammenarbeit. Vier Jahre später, im Jahre 1833, stirbt Niepce in seinem Heimatort. Daguerre experimentiert alleine weiter, verwendet lichtempfindliches Jodsilber, entwickelt in Quecksilberdämpfen und fixiert seine versilberten Kupferplatten in einer Flüssigkeit mit Natriumchlorid. So wird das Jahr 1837 zu einem weiteren Meilenstein in der Entwicklung der Photographie: Der Maler Daguerre macht seine berühmte Aufnahme, ein Stilleben, bestehend aus einer Korbflasche, mehreren Gipsabdrücken und einem gerahmten Bild, alles in einer tiefen Fensternische arrangiert. Die 16 mal 21 Zentimeter große Kupferplatte ist eine Photographie von guter Schärfe und großem Tonreichtum, eine »Daguerreotypie«, wie von nun an ein Bild nach dem Verfahren des Daguerre benannt wird. Eine Pariser Zeitung beschreibt am 6. Januar 1839 euphorisch die Entdeckung des Malers Daguerre, der es verstünde, Bilder der Camera obscura naturgetreu und dauerhaft festzuhalten. Am 19. August 1839 wird in Paris in der Akademie der Wissenschaften das Verfahren bekannt gemacht. Der französische Staat kauft die Rechte und gibt die Photographie frei für jedermann. Isidore, der Sohn des verstorbenen Niepce, und Daguerre erhalten eine lebenslängliche Rente.

Der englische Wissenschaftler William Henry Fox Talbot sucht im selben Zeitraum, unabhängig von Daguerre, ebenfalls nach Möglichkeiten, mit Licht und Camera obscura produzierte Bilder festzuhalten. Er ist der erste, der Negative auf Papier herstellt und davon Positive in beliebiger Anzahl anfertigen kann. Im Sommer 1835 macht er eine Reihe von Aufnahmen mit unterschiedlich großen Cameras, stellt Negative und Positive her, kann diese fixieren und bei hellem Licht betrachten. Leider verblichen diese ersten Arbeiten im Lauf der Zeit so stark, daß bis heute kaum etwas davon übriggeblieben ist. Fox Talbot darf somit auch als ein Erfinder der Photographie gelten, auf jeden Fall ist er der Erfinder des Negativ-Positiv-Prozesses, der als Kalotypie bezeichnet wird.

Einen entscheidenden Beitrag, photographische Schichten dauerhaft zu fixieren, bringt John Herschel, der bereits 1819 entdeckt, daß sich mit Natriumthiosulfat Silbersalze auflösen lassen. Damit ist das Fixierbad erfunden, welches bis zum heutigen Tag in den Photolabors der Welt verwendet wird. Herschel, der aus Hannover stammt und in England lebt, ist ein vielseitiger Naturwissenschaftler, der sich auch mit dem Phänomen Photographie beschäftigt. In dem bedeutungsvollen Jahr 1839 berichtet er von seinem erfolgreichen Verfahren, das sofort auch von Talbot und Daguerre verwendet wird. Im selben Jahr, am 14. Juli, stellt ein französischer Staatsbeamter namens Hippolyte Bayard in Paris 30 Photographien aus. Seit Jahren arbeitet er unabhängig von anderen an photographischen Prozessen, die ihm ermöglichen, Positive sowohl im Direktverfahren herzustellen als auch über ein Negativ. Auch er darf als einer der Erfinder der Photographie gelten. Außer Daguerre, dem die Lorbeeren zufielen, und den anderen namentlich erwähnten gelingt es noch einer Reihe von anderen Leuten vor dem 19. August 1839 das Bild der Camera obscura auf unterschiedliche Art und Weise festzuhalten. Die Daguerreotypie war ein Unikat, ließ sich nicht vervielfältigen, übertraf jedoch in Schärfe, Feinheit und Tonreichtum alle anderen Verfahren.

Die Entwicklung geht weiter, in chemischer wie optischer Hinsicht. In Wien kommt 1840 das berühmte Petzval-Objektiv auf den Markt mit der enormen Lichtstärke von 1:3,6. Max Josef Petzval hat es errechnet, Voigtländer produziert und verkauft es. Zudem wird die Empfindlichkeit der Aufnahmeplatten so gesteigert, daß es möglich wird, mit kürzeren Belichtungszeiten zu arbeiten – aus den gewohnten Stunden und Minuten werden jetzt Sekunden.

Von wem und wann das erste Bergbild stammt, läßt sich heute nicht mehr genau nachvollziehen, denn die Daguerreotypie verbreitet sich rasch, und überall auf der Welt werden Lichtbilder erstellt. In Bogota, der Hauptstadt Kolumbiens, fertigt 1842 der französische Diplomat Baron Louis Gros eine Straßenansicht mit Bergen im Hintergrund. Eine andere Daguerreotypie aus dem Jahre 1846 zeigt den Rofner Eissee in den Ötztaler Alpen, und zwei Jahre später entstehen wahrscheinlich die ersten Photos vom Matterhorn. Es ist daher gewiß nicht falsch zu sagen, daß Bilder von den Bergen fast so alt sind wie die Photographie selbst. Man bediente sich dazu nicht nur der Daguerreotypie, sondern ebenso der Kalotypie, dem Negativ-Positiv-Prozeß des Fox Talbot.

In der Mitte des 19. Jahrhunderts kommt es zu einer Erfindung, die bis in unsere Tage Anwendung findet. Der englische Bildhauer Scott Archer veröffentlicht 1851 eine genaue Beschreibung seines »nassen« Kollodiumverfahrens (Kollodium ist eine zähflüssige Lösung von Nitrozellusose in Alkohol und Äther). Archer macht das Kollodium lichtempfindlich, präpariert eine Glasplatte damit und belichtet sie im nassen Zustand. Nach sofortiger Entwicklung wird die Platte fixiert, gewässert und getrocknet. Eine umständliche Methode mit einem guten Resultat, welches der Qualität einer Daguerreotypie kaum nachsteht, aber den immensen Vorteil bietet, beliebig viele Abzüge (seitenrichtig) herzustellen. Anstelle einer Kalotypie erhält der Photograph ein Negativ auf Glas von großer Schärfe und mit feinsten Tonabstufungen. Ein weiterer Vorteil dieser Methode ist die höhere Lichtempfindlichkeit.

Mit der nassen Kollodiumplatte beginnt die Zeit der Dunkelkammerzelte und der Labors auf Rädern. Photographen, die außerhalb der eigenen vier Wände arbeiten wollen, müssen eine Menge Unannehmlichkeiten und Strapazen auf sich nehmen. Ist es schon schwierig und aufwendig, unten in den Städten, Ebenen und Tälern zu photographieren, dann verlangt es noch weit mehr Anstrengungen, Bilder in der Welt der Berge herzustellen. Zentnerschwere Ausrüstung, bestehend aus Kamera, Behältnissen mit Glasplatten bis zum Format 50 mal 60 Zentimeter, Laborausrüstung, Chemikalien, Zelt für die Dunkelkammer und einem entsprechend schweren Stativ, muß, auf Tier- und Menschenrücken verteilt, verladen und transportiert werden.

Zu den frühen Pionieren der Photographie im Gebirge gehört der in Westfalen gebürtige Franzose Eduard Baldus. Er stellt etwa um das Jahr 1854 ein Panorama her, das auf 130 Zentimeter Länge die Monts Dore mit dem 1886 Meter hohen Puy de Sancy zeigt. Die Berge des französischen Zentralmassivs sind klein und unbekannt im Vergleich zum höchsten Alpengipfel, der in der Folgezeit zum begehrten Motiv der Photographen wird. Aus 14 Teilbildern trägt Friedrich Martens das wahrscheinlich erste Panorama des Montblancmassivs zusammen. Vor dem Erfolg und der Bewunderung, die ihm sein Breitbild einträgt, mußte er zunächst mit Hilfe von Trägern die schwere Ausrüstung über die steilen Hänge des Brévent hinaufschleppen, bis er 800 Meter über dem Tal der Arve einen geeigneten Standpunkt für seine Arbeit fand. Photographierte Panoramen kommen in jener Zeit in Mode. Sie sind gefragt und kommen an, denn das neue Medium Photographie eignet sich wie kein anderes, fremde und ferne Landschaften zu dokumentieren.

Aimé Civiale photographiert um die Mitte des vergangenen Jahrhunderts in den Westalpen. Unter seinen Breitansichten finden wir Bilder vom Montblanc, Monte Rosa, aus den Berner Alpen und dem Engadin. Civiale begnügt sich nicht nur mit Aufnahmen vom Tal, er steigt auch auf die Gipfel. So entstehen unter anderem Ausblicke vom Piz Languard oder vom Eggishorn. Über seine Vorgehensweise und Ausrüstung erfahren wir, daß er in mühsamer und aufwendiger Arbeitsweise zunächst Glasplatten mit einem lichtempfindlichen Papier bespannt und diese dann im trockenen Zustand belichtet; sein Bildformat beträgt 27 mal 37 Zentimeter, und er verwendet Objektive, die eher lang- als kurzbrennweitig sind. Auf seinen Exkursionen sind oft ein Dutzend Träger nötig, um die mehrere Zentner schwere Ausrüstung zum entsprechenden Standplatz zu tragen.

Machen wir einen Sprung von der Schweiz in die Sächsische Schweiz, kein Hochgebirge mit Eis und Schnee, aber eine Felsenlandschaft von großer Schönheit und seit jeher ein Eldorado für Kletterer. Hermann Krone, ein Maler aus Dresden, später Dozent für Photographie, belichtet bereits im Jahre 1853 zwischen Felsen, Türmen und Nadeln seine nassen Kollodiumplatten mit Landschaften der Sächsischen Schweiz.

Zwei Photographen, die Gebrüder Louis und Auguste Bisson aus Paris, werden mit ihren Bildern von Hochgebirgslandschaften weltberühmt. Sie haben das Glück, 1860 von Napoleon III. zu einer Reise nach Savoyen eingeladen zu werden. Im Tal von Chamonix (Chamouny) und auf den Gletschern des Montblanc gelingen ihnen eine Reihe von außergewöhnlichen Aufnahmen. Sie begnügen sich nicht nur mit Überblicken, wie z. B. das Bild des höchsten Alpenbergs mit Glacier du Tacul, Glacier du Géant und Vallée Blanche, sie richten ihre Kamera auch auf den Nahbereich, zeigen groß das apere Eis des Mer de Glace, während die Gipfel im Hintergrund, von Wolken verhangen, eher zu ahnen als zu erkennen sind. Ein ungewöhnliches Bild, weil es nicht wie üblich die Ansicht einer bestimmten Landschaft zeigt, sondern eher Atmosphäre und Raum vermittelt. Die Gebrüder Bisson sind Abenteurer, denn sie wollen den Montblanc besteigen und auf seinem Haupt Dunkelkammerzelt, Stativ und Kamera aufbauen, um Photographien zu machen, wie es sie noch nie gegeben hat. Der erste Versuch scheitert, aber Auguste Rosalie Bisson, der jüngere der beiden, kommt wieder zurück nach Chamonix. Im Juli 1861 machen sich 36 Männer auf den Weg zum Gipfel des Montblanc. Beinahe geht das Unternehmen schief, als am zweiten Tag ein Schneesturm aufkommt und die ganze Mannschaft – dem Ziel schon sehr nahe – zum Rückzug zwingt bis zu den Grands Mulets, wo sie schon die erste Nacht verbrachten. Das Wetter wird gut, und noch mal beginnt man den Anstieg hinauf zum Grand Plateau und weiter bis zum Gipfel. Für Bisson beginnen nun die Vorbereitungen für die Aufnahmen. Er arbeitet selbst unter diesen extremen Bedingungen mit dem »nassen« Kollodiumverfahren. Das heißt: Dunkelkammerzelt aufbauen, Schalen mit den Chemikalien aufstellen, die 44 mal 54 Zentimeter große Glasplatte mit der Kollodiumschicht begießen und in einer Silbernitratlösung lichtempfindlich machen, um sie dann im nassen Zustand zu belichten. Anschließend muß die Glasplatte entwickelt, fixiert und gewässert werden – das alles auf der eisigen Gipfelkalotte des Montblanc. Bisson gelingt es, drei Negative herzustellen. Hier muß erwähnt werden, daß bei dieser Gesellschaft der Bergführer und Photograph Joseph Tairraz aus Chamonix mit von der Partie war. Er ist der erste einer Familie, in der das Photographenhandwerk bis zum heutigen Tag von Generation zu Generation weitergeführt wird.

Es gibt sogar Vermutungen und Berichte, daß nicht Bisson, sondern Joseph Tairraz die ersten Bilder auf dem Montblanc belichtet habe. Während eines Hochwassers im Tal der Arve (1921) wurde auch das Haus der Tairraz heimgesucht, und wertvolle, alte Glasnegative fielen den Fluten zum Opfer. Neben eindrucksvollen Bergbildern gelang Joseph Tairraz auch eine Reihe von guten Menschenbildnissen.

Weltweit entstehen photographische Landschaftsbilder, viele mit dem Inhalt Berge und Gebirge. In den Vorbergen des indischen Himalaya, in Simla, eröffnet 1864 der Engländer Samuel Bourne ein Photoatelier. Während seiner Jahre in Indien unternimmt er mehrere Expeditionen in verschiedene Gebiete des Himalaya. Bourne kehrt 1870 mit rund 3000 Negativen nach England zurück. Ein Jahr vor seinem Tod ernennt König George V. ihn zum Hofphotographen.

Im Westen von Amerika macht um das Jahr 1865 Carleton Watkins Aufnahmen im Yosemite Valley, unter anderem die ersten guten Bilder des mehr als 900 Meter hohen El Capitan. Natur und Landschaft, in Übersichten wie im Nahbereich, sind seine bevorzugten Motive. Mit seinen Bildern trägt er wesentlich dazu bei, die Herren in Washington von der enormen Bedeutung und Wichtigkeit der Schaffung von Nationalparks zu überzeugen.

An dieser Stelle muß auch der vielseitig schaffende, aus England stammende Eadweard Muybridge (1830–1904) erwähnt werden, der ebenfalls mit großer Kamera die Schönheit des Yosemite Valley festhält und außerdem die Pazifikküste und die Landschaften Alaskas auf Platten bannt. Muybridge betreibt später Industriephotographie, entwickelt einen der ersten Kameraverschlüsse und beschäftigt sich eingehend und erfolgreich mit Bewegungsstudien von Menschen und Tieren, die weltweit große Bewunderung finden.

In den Schweizer Zentralalpen, in Österreich und Italien, später auch in den Pyrenäen und im Atlasgebirge photographiert nach der Mitte des vergangenen Jahrhunderts Jules Beck (1825–1904) aus Straßburg. Der begeisterte Photograph und Alpinist besteigt nicht nur viele Gipfel, er ist auch einer der wenigen, die bei ihren Bergtouren Menschen mit ins Bild bringen. Etwa im selben Zeitraum spezialisiert sich Friedrich Simony (1813–1896), ein Professor aus Wien, mit Kamera und Zeichenstift auf das Dachsteingebirge, und Bernhard Johannes, Photograph aus Weilheim in Oberbayern, durchstreift viele Jahre mit schwerer Ausrüstung das Wettersteingebirge.

Im Jahre 1862 wird der Österreichische Alpenverein gegründet, in einer Zeit, die gerne als die »Goldene Zeit des Alpinismus« bezeichnet wird. Als eines seiner Ziele wird sogar die Förderung der Photographie im Gebirge genannt. Bereits ein Jahr später, im August 1863, wird dieses Bestreben in die Tat umgesetzt. Paul Grohmann, der bekannte Bergsteiger und Dolomitenerschließer und eines der Gründungsmitglieder, leitet eine Photoexpedition in die Hohen Tauern zum Gipfel des Großglockner. Mit der künstlerischen Leitung beauftragt man den Maler Adolf Obermüller und mit der Arbeit an der Kamera den Photographen Gustav Jägermaier. Dunkelkammerzelt, Chemikalien und Aufnahmegeräte werden bis hinauf zur Adlersruh geschleppt – 3454 Meter über dem Meeresspiegel. Die Expedition ist erfolgreich, 22 Leute erreichen den Gipfel, und die Ausbeute an Bildern ist gut.

Charles Soulier aus Paris wird bekannt nicht nur durch seine Momentaufnahmen in der französischen Metropole, sondern auch durch Bergbilder, die ihm bei einer Besteigung des Montblanc (1869) und in anderen Gebieten der Alpen gelingen. Im Jahre 1867 wird er Mitglied der Gesellschaft für

Photographie in Paris, und Napoleon III. ernennt ihn zum kaiserlichen Hofphotographen. Seine Aufnahmen verraten Kunstsinn und gehen weit über die reine Dokumentation der Berglandschaft hinaus.

Der Engländer William Donkin (1845–1888) ist Naturwissenschaftler, Photograph und Bergsteiger. In den Hochburgen des Alpinismus, Chamonix, Zermatt und Grindelwald, ist er mehr zu Hause als in seiner Heimat. Für einen leidenschaftlichen Alpinisten und Photographen wie ihm liegt es nahe, außer Gipfel auch Menschen beim Bergsteigen abzulichten. Damit gehört er zu den wenigen, die bereits lange vor der Jahrhundertwende Aktionsbilder am Berg herstellen, auch unter schwierigsten Bedingungen. Während einer Expedition in den Kaukasus (1888) bleibt er mit einem Kameraden am Berg verschollen. William Donkin hinterläßt Tausende von Aufnahmen aus der Welt der Berge.

Es gibt in dieser Zeit Bemühungen, vom aufwendigen und komplizierten »nassen« Verfahren wegzukommen, Aufnahmematerial herzustellen, welches griffbereit an jedem möglichen Ort belichtet werden kann, um es zu einem späteren Zeitpunkt zu entwickeln. Schon 1864 gibt es Trockenplatten, und drei Jahre später werden solche in Liverpool fabrikmäßig hergestellt. Der Haken an der Sache ist, daß man einerseits nicht die hohe Abbildungsqualität erreicht und zum anderen eine etwa dreifach längere Belichtungszeit in Kauf nehmen muß. Die Bemühungen in der »trockenen« Richtung gehen weiter, und der englische Arzt Richard Maddox schafft 1871 mit seiner Gelatineemulsion einen weiteren Schritt zur Verdrängung des Kollodiumverfahrens.

Einer der großen Photographen, William Henry Jackson (1843–1942), hat neben Portraits, Architektur und anderem auch sehr viele großformatige Bilder in den einsamen Schluchten des Colorado, im Yellowstone und in den Rocky Mountains geschaffen. Jackson ist ein Abenteurer, den es daheim nicht hält, sondern der immer wieder hinauszieht, unbekannte, fremde Landschaften in Photographien festzuhalten. Auf seinen Expeditionen führt er mehrere Kameras und manchmal bis zu 300 Glasplatten mit sich. Vier Jahre nach seiner ersten Begegnung mit den Rocky Mountains kehrt er nochmals dorthin zurück, um diese Berge auf 50 mal 60 Zentimeter großen nassen Kollodiumplatten abzubilden. Von den enormen Schwierigkeiten solcher Unternehmen kann sich ein Photograph heute wohl kaum eine Vorstellung machen. Mit seinen Landschaftsbildern trug Jackson wesentlich zur Schaffung der amerikanischen Nationalparks bei.

20 Jahre nach der Bekanntgabe des photographischen Verfahrens in Paris wird 1859 in der Nähe von Biella (Norditalien) Vittorio Sella geboren. Biella liegt am Fuß der Berge – es ist nicht weit zum Monte Rosa, Matterhorn, Gran Paradiso und Montblanc. Schon Sellas Vater beschäftigte sich mit der Photographie und sein Onkel mit dem Bergsteigen. Dieser Onkel Quintino Sella wird als Staatsmann und Gründer des Italienischen Alpenvereins bekannt. Das Umfeld des jungen Vittorio sollte für sein Leben richtungsweisend und bestimmend sein. Photographie und Bergsteigen faszinieren ihn gleichermaßen. Mit welcher Leidenschaft er sich schon in jungen Jahren dieser Sache widmet, zeigt, daß er 19jährig den Monte Mars besteigt (Hausberg von Biella, 2600 m) und mehrere Tage und Nächte dort oben zubringt, um ein Panorama im »nassen« Kollodiumverfahren zu erstellen. Für kurze Zeit versucht Sella, mit selbstpräparierten Trockenplatten zu arbeiten, die zwar umständlich herzustellen sind, aber eine große Erleichterung bei der Arbeit am Berg bedeuten. Endlich kann man im Jahr 1881 auch in Italien Glasplatten mit Bromsilbergelatine kaufen.

Sella besteigt viele hohe Gipfel in den Westalpen, manche davon sogar im Winter. So zum Beispiel die erste Winterbegehung des Matterhorns, eine Überschreitung von Breuil nach Zermatt im Jahre 1882 und die Traversierung des Montblanc von Entrèves nach Chamonix im Januar 1888. Mit von der Partie bei jenen großen Unternehmungen sind Bergführer, zum Beispiel der bekannte Jean Antoine Carrel, Whympers bekannter Konkurrent bei der Erstbesteigung des Matterhorns. Vittorio Sella faßt 1883 den Entschluß, den gesamten Alpenbogen in photographischen Bildern zu dokumentieren. Obwohl er sich im Jahr zuvor eine neue, relativ leichte Kamera aus Mahagoniholz (24 mal 30 Zentimeter) der Firma Dallmeyer aus London kommen läßt, benutzt er für sein Alpenvorhaben, das bis 1892 dauern wird, hauptsächlich Kameras mit dem Format 30 mal 40 Zentimeter. Wahrscheinlich durch die Amerikaner Muybridge, Watkins und Jackson inspiriert, die mit Formaten bis 50 mal 60 Zentimeter arbeiten, versucht er sich mit 46 mal 56 Zentimeter großen Platten, von denen er aber nach kurzer Zeit wieder abkommt.

Mit dem Jahr 1889, Vittorio Sella ist 30 Jahre alt, beginnt für ihn ein neuer Lebensabschnitt. Eine Reise in den Kaukasus führt ihn erstmals weit über die Grenzen der Alpen hinaus. Mit zwei Bergführern aus dem Valsésia besteigt er den Elbrus und bannt ein prächtiges Panorama auf seine Platten. Auf zwei weiteren Reisen besucht er nochmals das hohe Gebirge zwischen Schwarzem und Kaspischem Meer. Im Jahre 1897 erhält Sella eine Einladung von Luigi Amadeo, dem Herzog der Abruzzen, die Expedition zum Mount Saint Elias (5489 Meter) nach Alaska zu begleiten. Nur zwei Jahre später umrundet er mit dem englischen Alpinisten und Schriftsteller Douglas William Freshfield den dritthöchsten Berg der Erde, den gewaltigen Kangchendzönga in Sikkim. Nach der Jahrhundertwende ist er wieder mit dem Herzog der Abruzzen unterwegs, 1906 am Ruwenzori in Ostafrika und 1909 im Karakorum. Während dieser Expeditionen entstehen viele einzigartige Dokumente aus fremden Hochgebirgen, die weltweit gefragt sind. Sellas Bilder erscheinen in internationalen Zeitschriften, in vielen Büchern und Bildbänden. Zu seinem Andenken, er starb im Sommer 1943, richtete der Italienische Alpenclub das Photographische Institut Vittorio Sella ein, ein Museum, das sein Werk der Nachwelt erhalten soll.

Noch zu seinen Lebzeiten wird dem österreichischen Hofrat Fritz Benesch (1868–1949) für sein photographisches Werk ein Denkmal auf der Rax errichtet. Der begeisterte Photograph ist ebenso leidenschaftlicher Bergsteiger. Benesch schafft mehrere Bildbände und Führer, setzt sich nicht nur mit der Photographie im Gebirge auseinander, er führt auch eine Schwierigkeitsskala fürs Klettern ein. Benesch dürfte sicherlich einer der ganz wenigen gewesen sein, die sich im vergangenen Jahrhundert mit schwerem Stativ, großer Kamera und schwarzem Tuch in Dolomitenwände wagten, um Bilder vom Klettern auf die Platte zu bannen.

Unter den Landschaftsphotographen Amerikas um die Jahrhundertwende sollte der Photograph und Bergsteiger Byron Harmon (1876–1946) nicht vergessen werden. Über Jahrzehnte hinweg bemüht er sich, die Schönheit der Rocky Mountains in Bildern festzuhalten. Es entsteht eine große Postkartensammlung, deren Vermarktung wesentlich zu seinem Lebensunterhalt beiträgt. Mehrere Expeditionen und Gipfelbesteigungen lassen sein umfangreiches Bildarchiv weiter anwachsen, somit wird er zum besten Kenner und bekanntesten Photographen der kanadischen Rocky Mountains. Rund 7000 Negative werden heute im White Museum in Banff aufbewahrt. Ein Gletscher in den Bugaboos trägt seinen Namen, und der Schriftsteller Freedman hat ihm ein Buch gewidmet.

Ganz in dieser Tradition der klassischen, nicht manierierten Photographie der Pioniere wie Watkins und Jackson steht letztlich auch der 1902 in San Fransisco geborene Ansel Adams. In einer Zeit, in der die Kameraindustrie enorme Fortschritte gemacht hat – es gibt leichte, kleine und handliche Apparate wie Leica, Rolleiflex und andere mehr – photographiert Ansel Adams in den Nationalparks der USA Tausende von Motiven mit der großen Kamera im Format 18 mal 24 Zentimeter. Nur so erreicht er mit dem Einzelbild und dessen individueller Ausarbeitung kompromißlos ein Höchstmaß an Schärfe und Detailreichtum. Er schafft Bilder in den heißen Wüstenregionen von Arizona und New Mexiko genauso wie in Alaska oder zwischen den Vulkanbergen von Hawai. Seine eindringlichen Schwarzweißaufnahmen – ein Großteil davon sind Bergbilder – sind unübertreffbar in ihrer Perfektion und subtilen Schönheit. Engagiert wie kaum ein anderer setzt er sich ein für Verständnis und Schutz der Natur, kämpft hartnäckig gegen Dummheit und Ignoranz in Chefetagen, in Ämtern und auf Ministerposten. Der Inhalt seiner Bilder zeigt keine Mißstände auf, keine Wunden und negativen Veränderungen, sondern die Erhabenheit und Harmonie der unberührten Landschaft. Mit diesen positiven Bildern im doppelten Sinne versucht er, die Mitmenschen für die Natur empfänglich zu machen und sie für ihren Erhalt zu motivieren. Ansel Adams zählt zu den berühmtesten Photographen unserer Zeit. Er stirbt im Alter von 82 Jahren in Carmel, Kalifornien.

Noch vor dem Jahr 1900 haben sich im technischen Bereich der Photographie wichtige Neuerungen ergeben, die unter anderem das Bildermachen einem großen Publikum ermöglichen. Im riesigen Angebot von Handkameras, die bereits als Massenprodukte hergestellt werden, gibt es bald eine echte Sensation, die der Amerikaner George Eastman, Hersteller von Trockenplatten, 1888 auf den Markt bringt: eine Kamera mit dem Namen Kodak, 8 mal 9 mal 16 Zentimeter klein und mit einem 27 Millimeter Weitwinkelobjektiv ausgestattet. Das Besondere und die große Neuerung an diesem Kasten ohne Sucher ist der Rollfilm im Innern, der 100 Negative mit einem Durchmesser von 65 Millimetern ergibt. Im Kaufpreis dieser Kamera ist nicht nur der Film mit inbegriffen, sondern auch die komplette Serviceleistung: Das heißt, der Kunde schickt seine Kamera an Eastman, der belichtete Film wird gegen einen neuen ausgetauscht und von den entwickelten Negativen werden Positive hergestellt. Zu den Neuentwicklungen zählen ebenso bessere Objektive wie Emulsionen mit höherer Lichtempfindlichkeit und mit einer Sensibilisierung für alle Farbbereiche. Solche panchromatischen Platten (jede Farbe wird in einen entsprechenden Grauwert umgesetzt) gibt es seit 1883. Bereits um die Jahrhundertwende werden Farbfilter verwendet, welche es ermöglichen, die Grauwerte in eine gewünschte Richtung zu steuern. Die Zeit der weißen, wolkenlosen Himmel ist damit endgültig vorbei. Thomas Alva Edison, Erfinder der Glühlampe, arbeitete an der Cinematographie – 1891 läßt er seinen 35 Millimeter breiten perforierten Zelluloidfilm patentieren. Dieser Film markiert den Beginn des Kinos und ist die Grundlage der Kleinbildphotographie.

Keine andere Kamera hat die Welt der Photographie so grundlegend und nachhaltig verändert wie die Leica. Der 1879 geborene Oskar Barnack, ihr Erfinder und Konstrukteur, will ursprünglich Landschaftsmaler werden, erlernt aber auf Anraten des Vaters (keine brotlose Kunst!) das Handwerk des Mechanikers. Bei der Firma Zeiss in Jena arbeitet er als Feinmechaniker, bevor er das Angebot von Leitz in Wetzlar bekommt, die Leitung der Versuchsabteilung zu übernehmen. Er konstruiert im Jahr 1912 eine Filmkamera und kommt dabei zwangsläufig mit dem von Edison erfundenen Kinofilm in Berührung. Da kommt dem Hobbyphotographen, der schon mit einer 13 mal 18-Kamera durch den Thüringer Wald marschierte, die zündende Idee: die Verwendung des Kinofilms in einem entsprechend kleinen Kamerakörper. Schon ein Jahr später, kurz vor Ausbruch des Ersten Weltkriegs, gibt es die Ur-Leica. Auf der Frühjahrsmesse 1925 in Leipzig wird die erste Leica (Leitz-Camera) der Öffentlichkeit vorgestellt. Mit ihr beginnt eine neue Ära der Photographie.

Firnnase und Schatten, 1973

BERGLANDSCHAFTEN

Das photographische Abbild der Berge ist fast so alt wie die Photographie selbst.

*

Wo gibt es eine ähnliche Landschaft, die eine solche Fülle von Motiven bietet? Aus diesem Überangebot das Eindrucksvolle und Wesentliche herauszusehen und in ein von der Wirklichkeit losgelöstes Bild umzusetzen, das ist die eigentliche Schwierigkeit.

*

Der Photograph der Berge ist Wartender, stiller Beobachter – kein Macher.

Mond über dem Monte Rosa, Walliser Alpen, 1969

Biancograt, Berninagruppe, 1960

Eisbalkon in der Nordostwand des Piz Roseg, Berninagruppe, 1970

Val Brentei, Brenta, 1966

Bocchetteweg mit zwei Personen, Brentagruppe, 1966

Aiguille de Bionnassay, Montblancgruppe, 1971

Gondeln über dem Vallée Blanche, Montblancgruppe, 1967

In der Schwarzweißphotographie ist es mit einem guten Motiv,
guter Gestaltung und einem latenten Bild in der Kamera noch längst nicht getan.
Sorgfältige und gekonnte Arbeit in der Dunkelkammer ist weitgehend
mitbestimmend für die Qualität des Bildes.

*

Auf den richtigen und guten Standpunkt kommt es nicht nur im Leben an,
sondern auch in der Photographie.

Matterhorn, Walliser Alpen, 1973

Matterhorn vom Furgghorn, Walliser Alpen, 1965

Matterhorn von Norden, Walliser Alpen, 1969

Bergketten im Dunst, Dolomiten, 1966

Civetta mit Wolke, Dolomiten, 1973

Biwak im Col de la Fourche, Montblancgruppe, 1967

Gelbe Kante, Kleine Zinne, Dolomiten, 1966

Montblanc, Montblancgruppe, 1971

Aufstieg zum Montblanc, Montblancgruppe, 1971

Torre di Valgrande, Dolomiten, 1968

Sella, Dolomiten, 1971

Mawenzi vom Kibo gesehen, Kenia, 1972

Sella im Winter, Dolomiten, 1968

Piz Cambrena, Berninagruppe, 1970

Scioragruppe, Bergell, 1967

Grandes Jorasses vom Montblanc du Tacul, Montblancgruppe, 1964

Blick vom Diablegrat, Montblancgruppe, 1964

Gewitterwolke über dem Karwendel, 1974

Monsunwolken in Nepal, 1971

Rochefortgrat, Montblancgruppe, 1964

Diablegrat, Montblancgruppe, 1964

FELS UND STEINE

Was ist Landschaft – wo beginnt und wo endet sie?
Landschaft ist die Erdkruste in all ihren Erscheinungsformen, samt Himmel und Meer.
Eine Aufnahme von wenigen Quadratmetern Fels ist ebenso ein Landschaftsbild
wie die Satellitenaufnahme der Himalayakette.

*

Es gibt viele Möglichkeiten, Berge und Gebirge darzustellen, im Nahbereich
wie in der Totalen; man wird sie nie ausschöpfen können, weil Berglandschaften
so vielgestaltig sind, die atmosphärischen Gegebenheiten unendlich
variieren und Sehweisen sich verändern.

Felsgebilde im Tessin, 1971

Erdpyramiden, Südtirol, 1972

Karren in den Dolomiten, 1966

Granitplatten im Bergell, 1966

Steinmann am Weg zur Zittauer Hütte, Zillertaler Alpen, 1970

Für eine bestimmte Stilrichtung habe ich mich nie festgelegt. Offenheit nach vielen Seiten bringt mehr Beweglichkeit und Kreativität, schafft andere Blickwinkel, Standpunkte und neue Ansichten.

*

Nicht das »Was«, sondern das »Wie« ist die stete Herausforderung an den Lichtbildner.

Blockmeer im Odenwald, 1963

IM FELS

Wer Aufnahmen vom Bergsteigen macht ist kein Zaungast wie der Photograph im Stadion oder an der Rennbahn, er ist selbst Akteur und voll in das Geschehen eingebunden – im wahrsten Sinne des Wortes.

*

Der Photographie wird dann mehr oder weniger eine untergeordnete Rolle zuteil; die Tour, der Gipfel und die sichere Rückkehr ins Tal sind vorrangig.

Salbitschijen-Gipfelnadel, Urner Alpen, 1966

Am Nordostpfeiler von Les Droites, Montblancgruppe, 1967

Karabiner und Kletterer, Bayerische Voralpen, 1975

Dach an der Aiguille du Midi, Montblancgruppe, 1974

Abseilen an den Cinque Torri, Dolomiten, 1975

Klettern an der Aiguille du Midi, Montblancgruppe, 1974

Klettern an der Aiguille du Midi, Montblancgruppe, 1974

Kamin im Bergell, 1970

Christaturm-Südostkante, Wilder Kaiser, 1965

Kamin in den Cinque Torri, Dolomiten, 1975

Kamin in den Cinque Torri, Dolomiten, 1975

IN EIS UND FIRN

Wenn Photographie im Gebirge über das bloße Ablichten hinausgehen soll, dann müßte der Lichtbildner fähig sein, auch Empfindungen zu vermitteln. Das Geheimnisvolle und die Größe des Gebirges, die Einsamkeit und Menschenfeindlichkeit, ebenso die Kälte, den Sturm und die Gefahr sollte der Betrachter im Bild spüren und nachempfinden können.

*

Photographie in Schwarzweiß ist kein bloßes Denken in Tonwerten, nicht das exakte Transformieren von Licht und Farben in die entsprechenden Grautöne, sondern es gilt, Flächen und Linien, Licht, Stimmung und Gefühle so eindrucksvoll wie möglich auf ein Blatt Barytpapier zu übertragen.

Eiszapfen am Nanga Parbat, Himalaya, 1970

Abseilen über Firnblöcke, Montblancgruppe, 1967

Im Glacier des Bossons, Montblancgruppe, 1965

Auf dem Taschachferner zur Wildspitze, Ötztaler Alpen, 1971

Seilschaften unterwegs zur Petersenspitze, Ötztaler Alpen, 1971

Les-Courtes-Nordwand, Montblancgruppe, 1966

Aiguille-de-Bionnassay-Nordwestwand, Montblancgruppe, 1968

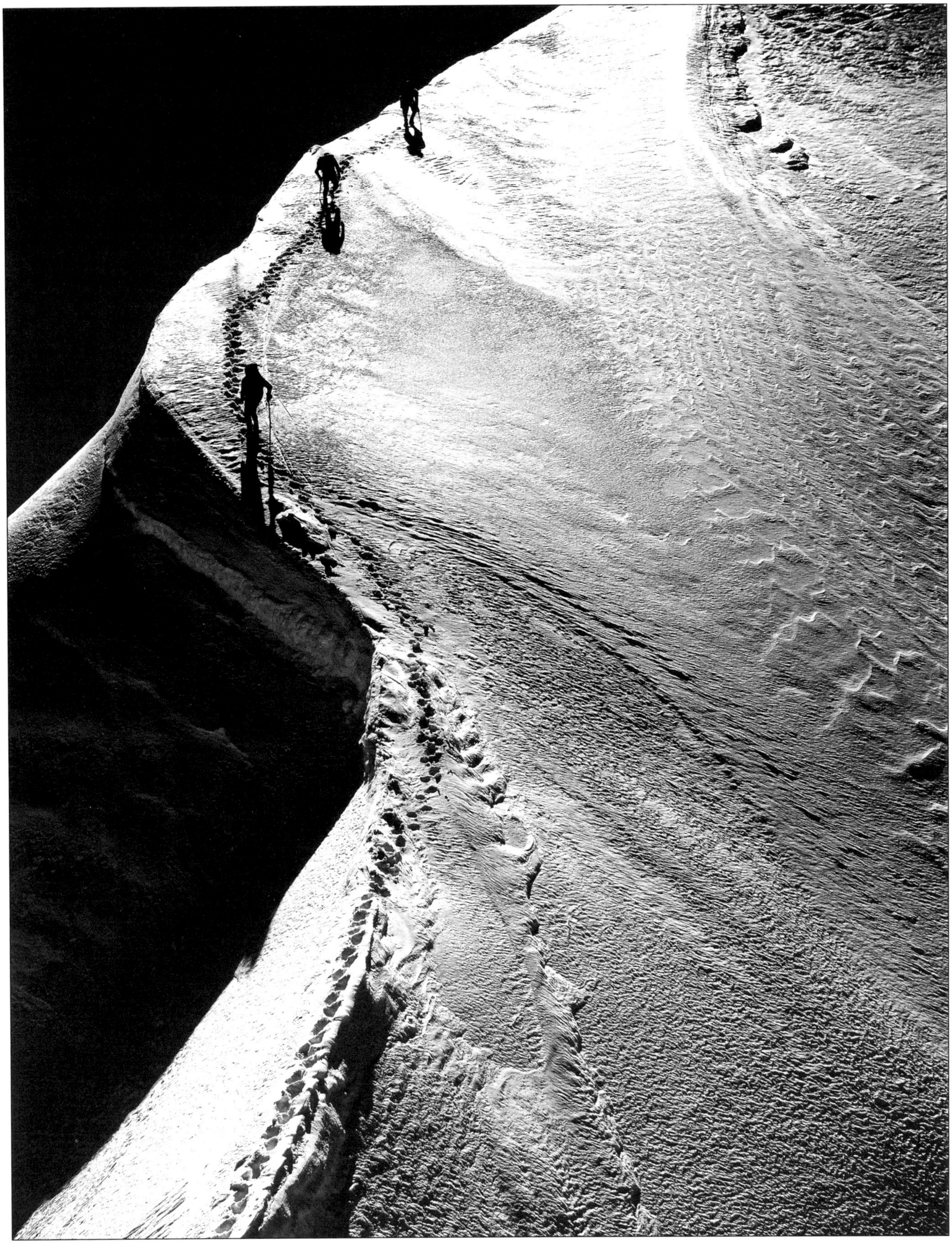

Biancograt, Piz Bernina, Berninagruppe, 1969

Grosser Aletschgletscher, Berner Alpen, 1969

Kleine Menschen auf dem Marzellferner, Ötztaler Alpen, 1973

Spur über den Tschiervagletscher, Berninagruppe, 1970

In der Nordwestwand des Wiesbachhorns, Hohe Tauern, 1962

In der Nordostwand der Lenzspitze, Walliser Alpen, 1962

Aiguille Blanche de Peuterey, Montblancgruppe, 1962

Eisschwarte im glacier des Bossons, Montblancgruppe, 1974

Firnteller unter der aiguille de Trélatête, Montblancgruppe, 1965

In der Condoririgruppe, Bolivien, 1976

UNTERWEGS MIT SKI

Photographie im Hochgebirge unterscheidet sich von der allgemeinen Landschaftsphotographie hauptsächlich dadurch, daß sie mit viel größeren körperlichen Anstrengungen und Strapazen, oft sogar mit Gefahr verbunden ist.

*

Die Arbeit mit der Kamera im Hochgebirge erfordert daher neben alpiner Erfahrung, Können und Kondition auch eine Portion Idealismus und Liebe zur Natur.

*

Meine Bergbilder, auch jene mit Menschen, sind meistens überlegt und gestaltet, nur selten Schnappschüsse. Ich suche eher das ruhige und harmonische Bild, eine Wehr gegen das Laute, Schreiende, Chaotische. Innere Bewegung ist mir wichtiger als oberflächliche Hektik. Einfache und klare Darstellungen lassen der Phantasie des Betrachters einen größeren Spielraum als die überladenen und geschwätzigen.

Unter dem Silbersattel am Monte Rosa, Walliser Alpen, 1967

Abfahrt am Trugberg im Berner Oberland, 1973

Höhensturm am Gran Paradiso, Grajische Alpen, 1968

Verschneite Blöcke in der Brenta, 1968

Skibetrieb in Les Deux Alpes, Französische Alpen, 1968

Aufstieg zum Gran Paradiso, Grajische Alpen, 1968

Abseits der Piste über Flaine, Französische Alpen, 1971

Während der Arbeit zu diesemBuch wurde mir bewußt, daß ich auf mancher großen Tour tagelang die Photoausrüstung mitschleppte, ohne eine einzige Aufnahme gemacht zu haben.

*

Je anstrengender eine Bergtour wird, um so mehr läßt auch der Wille und die Konzentration für eine gute Aufnahme nach. Es ist ein Unterschied, ob ich meine Energie voll einsetzen kann oder sie halbieren muß.

Skidepot im Corridor des Grand Combin, Walliser Alpen, 1968

Aufstieg im Nebel zur Panossièrehütte, Walliser Alpen, 1968

Aufstieg im Nebel zur Panossièrehütte, Walliser Alpen, 1968

Gletscherspalten im Jungfraufirn, Berner Alpen, 1973

Abfahrt im Persgletscher, Berninagruppe, 1973

WILDE BERGWASSER

Alles ist aus dem Wasser entsprungen! Alles wird durch das Wasser erhalten!
(Goethe)

*

Photographie in Schwarzweiß ist schwieriger als in Farbe.
Sie ist ihr gegenüber eine weitere Abstraktion der Wirklichkeit.

*

Schwarzweißphotographie heißt Kontraste schaffen:
Licht und Schatten, Hell und Dunkel, Ruhe und Bewegtheit, das Bekannte
und das Unbekannte gegenüberstellen.

Unterwegs zur Noirehütte, Montblancgruppe, 1965

Reguliertes Bachbett der Maira (Mera), Bergell, 1965

Wildwasser an der Glocknerstrasse, Glocknergruppe, 1962

Findelenbach bei Zermatt, Walliser Alpen, 1962

Wasserfall mit Person, 1965

Das gute Bild entsteht selten durch Zufall, eher aus der Summe von Geduld und Einfühlungsvermögen, aus Fleiß und Ausdauer – oft muß es hart erarbeitet werden.

*

Erst die Beherrschung der Technik und das Wissen um die Möglichkeiten ihres Einsatzes geben mir die Freiheit, Technik und Regeln über Bord zu werfen.

*

Ein schönes Bild muß nicht gut sein, aber ein gutes Bild kann schön sein.

Wasserfall mit Pflanzen in Nepal, 1971

BÄUME UND HOLZ

Mit den ersten Bäumen, die gefällt wurden, begann die Kultur.
Mit den letzten Bäumen, die gefällt werden, endet sie.
(Verfasser unbekannt)

*

Schwarzweißphotographie heißt Reduzieren auf das Wesentliche,
Verdichten der farbigen Natur in einfache visuelle Werte.
Schwarzweißphotographie ist nicht die arme, zurückgebliebene Schwester
der Farbe. Sie ist bescheiden und stark,
kompromißlos und ehrlich.

Baum am Ahornboden, Karwendel, 1965

Buchengruppe am Grossen Feldberg, Taunus, 1965

Vier verschneite Stämme, 1965

Lebensbaum mit Felsblock, Himalaya, 1974

Bergahorne im Oberreintal, Wettersteingebirge, 1966

Verwitterte Stämme eines Stadels im Engadin, 1968

Verwitterte Stämme eines Stadels in den Dolomiten, 1973

Christus im Crespeinajoch, Dolomiten, 1972

Christus im Crespeinajoch, Dolomiten, 1972

KULTURLANDSCHAFTEN

Bis in unsere Zeit hinein haben Bauern in harter Arbeit dem Gebirge ihr »täglich Brot« abgerungen, und sie schufen dabei einzigartige Kulturlandschaften.

*

Photographie ist Lüge!? Nichts ist so subjektiv wie die durch das Objektiv gesehene Photographie. Natur läßt sich nicht auf ein Blatt Papier reproduzieren. Ein Bild zeigt für den Bruchteil einer Sekunde nur einen persönlich gewählten Ausschnitt aus einer farbigen, lebendigen und sinnlichen Welt.

*

. . . Ein Stück »heile Welt« wenigstens vom Standpunkt des Photographen und innerhalb des Suchers seiner Kamera. Mit Hilfe des richtigen Ausschnitts lassen sich Eindrücke vermitteln oder Geschehen darstellen, die oft der Realität in keiner Weise entsprechen.

Höfe bei Disentis, Graubünden, 1969

Terrassen in Nepal, 1972

Almhütten bei Thame in Nepal, 1972

Im Riesloch, Bayerischer Wald, 1969

Almlandschaft bei Zermatt, Walliser Alpen, 1969

Im Valtournanche, Walliser Alpen, 1968

La Grave, Dauphiné, 1968

Soglio im Bergell, 1971

Marpha in Nepal, 1973

Lawinengalerie am Montgenèvre, Französische Alpen, 1968

Alte Treppe im Aostatal, 1967

GEBIRGE IM WÜRGEGRIFF

Erst wenn der letzte Baum gerodet, der letzte Fisch gefangen, der letzte Fluß vergiftet, werdet ihr feststellen, daß man Geld nicht essen kann.
(Vom Stamme der Cree)

*

Die Alpen sind das schönste und vielfältigste Gebirge unserer Erde.
Zu diesen Superlativen sind neue hinzugekommen: Die Alpen sind das überlaufenste, geschundenste und am schlimmsten vergewaltigte Gebirge der Erde.

Büsche und Lawinenverbauungen, Vorarlberg, 1990

Betonpfeiler im Eisacktal, Südtirol, 1991

Parkplatz am Grimselpass, Berner Alpen, 1987

AUSBLICK

Meine Suche nach neuen Ausdrucksformen, nach anderen Möglichkeiten und Wegen geht weiter, mit dem Bemühen, nicht in Verkrampfung zu geraten. Mit einer Portion Offenheit kann es gelingen, eingefahrene Schienen (die nicht schlecht sein müssen) zu verlassen, um andere Blickwinkel, Standpunkte und neue Ansichten zu finden.

*

Im Inneren der Hütte verbirgt sich Wärme und Geborgenheit – draußen herrscht Kälte und Ungewißheit. Der Blick nach draußen, in die Zukunft ist unklar und verschwommen.

Fenster der Konkordiahütte, Berner oberland, 1969

BILDERKLÄRUNGEN

Monte Pelmo (links) und Civetta vom Ombrettapass, Dolomiten, 1966 – Seite 2

Zwischen dem Südpfeiler der Marmolata di Penia und der Cima d'Ombretta verbindet der gleichnamige Paß (2700 m) das Contrintal mit dem Ombrettatal. Der Blick führt nach Osten zum markanten Klotz des Monte Pelmo und zur Nordwestwand der Civetta. 800 Meter tiefer der flache Talboden mit dem Rio Scalon. Ende September stieg ich nachmittags von Penia hinauf zum Contrinhaus, um am nächsten Tag vom Gipfel der Cima d'Ombretta die Südwände der Marmolata aufzunehmen. Nach einem Biwak zwischen zwei Lärchen – das Contrinhaus war schon für den Winter geschlossen und verrammelt – machte ich mich mit leerem Magen auf den Weg, um frühzeitig genug oben zu sein. Am Paß angekommen, bot sich mir eine ins Licht getauchte Berglandschaft voller Stille und Harmonie. Gipfel und Kämme, das direkte Gegenlicht und die feinen Dunstschleier in den Tälern schufen ein einfaches, klares Bild, bestehend nur aus gestaffelten Flächen mit feinen Tonwerten. Das frühe Aufstehen und schnelle Steigen hatten sich gelohnt.

Schreckhorn im Berner Oberland, 1959 – Seite 4

Das Gipfelpaar Lauteraarhorn/Schreckhorn, vom Wettersattel aufgenommen. Unter der eisgepanzerten Schreckhorn-Nordostwand das Firnbecken des Oberen Grindelwaldgletschers, der bis in eine Höhe von 1300 Metern hinabfließt. Eine meiner ersten Bergaufnahmen. Es war das zweite Lehrjahr im Photographenhandwerk. Das Gebirge hatte bereits Besitz von mir ergriffen. Mit Jugendherbergsausweis, Steigeisen, Pickel, zehn Meter Seil und einer sehr kleinen Photoausrüstung trampte ich damals von Frankfurt nach Grindelwald. Ganz vorsichtig, aber mit großer Begeisterung näherte ich mich dem übermächtigen Gebirge. Besonders groß war die Anziehungskraft des Wetterhorns. Der Weg hinauf zur Glecksteinhütte war mir schon bekannt; danach geheimnisvolles Neuland. Durch den Aufbruch bei Dunkelheit am nächsten Morgen, zudem war ich allein, wurde der Reiz dieser Bergtour zusätzlich gesteigert. Dieses Bild war eine der freien Arbeiten meines Gesellenstücks.

Mont Maudit und Montblanc du Tacul, 1971 – Seite 6

Früher Morgen, es ist noch kalt, und der Schnee knirscht unter den Steigeisen. Wir sind unterwegs zur Tour Ronde, einem der besten Aussichtsberge in der Montblancgruppe. Die Sonne wirft lange Schatten über den Géantgletscher und beleuchtet mit ihrem harten Licht das höchste Paradies für Bergsteiger, welches die Alpen zu bieten haben.

Die Aufnahme läßt an eine Kulisse denken, eine unwirkliche Szenerie aus himmelstrebenden Pfeilern, Wänden und Türmen, die im Gegensatz stehen zu der ebenen und weißen Fläche des Gletschers. Die Wolke am Himmel, unruhig, leicht verschwommen, ohne klare Kontur; was wird sie bringen, wird das Wetter halten?

Grandes-Jorasses-Nordwand, 1966 – Seite 8

Diese Nordwand ist zweifellos die schönste, erhabenste und eindrucksvollste Wand der Alpen. Abweisend und verlockend zugleich wachsen ihre Granitpfeiler aus den Eismassen des Leschaux- und Malletgletschers empor. Sie waren und sind auch heute noch das große Ziel extremer Alpinisten. Die begehrteste, auch längste Route ist der 1200 Meter hohe Walkerpfeiler, eine ideale, direkte Linie zum höchsten Punkt, zur Pointe Walker. Die Nordwand ist die schwierigste der »drei großen Wände der Alpen« (Eiger-Nordwand, Matterhorn-Nordwand, Grandes-Jorasses-Nordwand). Einen guten Ausblick zu den Grandes Jorasses bietet die Couverclehütte. Dreimal in zwei Sommern war ich dort oben, bis mir endlich dieses Bild gelang. Meinen Standpunkt, eine knappe Stunde oberhalb der Hütte, kannte ich vom Vorjahr. Es wurde an jenem Morgen ein Wettlauf mit der Zeit, denn im Osten schoben sich immer öfter Wolkenfahnen vor die Sonne, die auch bald die Gipfel der Jorasses berührten.

Firnnase und Schatten, 1973 – Seite 23

Kleiner Mensch am großen Berg. Auch wenn es nur ein winziger Ausschnitt von ihm ist oder gerade dadurch, wird die Größe des Gebirges und die Verlorenheit der Person betont. Ohne den Menschen im Bild gäbe es für den Betrachter keine Orientierung – er ist Maßstab und Bezugspunkt. Ein Bild aus Kontrasten, bewußt überzogen, um dunkle und helle Flächen klar und abgegrenzt gegenüberzustellen.

Mond über dem Monte Rosa, 1969 – Seite 25

Der Monte Rosa ist nach dem Montblanc das zweithöchste Bergmassiv der Alpen und Grenzberg zwischen Italien und der Schweiz. Im Bild das Nordend mit dem aufgehenden

Mond, die Dufourspitze und der Monte-Rosa-Gletscher. Hier zeigt sich der Berg mit sanfter Neigung. Ganz anders das Bild auf der italienischen Seite. Dort fasziniert er mit seiner berühmten Ostwand, eine 2400 Meter hohe Mauer aus Eis und Fels. Ende September stieg ich mit schwerer Ausrüstung – drei Kameras, Zubehör und Stativ – von Zermatt hinauf zum Gornergrat und weiter zum Stockhorn. Einige Bretter an der Bergbahnstation verfeinerten mein Nachtlager. Erst als die Sonne flach über die Gletscher strich und den aufgehenden Mond beleuchtete, belichtete ich eine Reihe von Aufnahmen.

Biancograt, Piz Bernina, 1960 – Seite 26

Der Biancograt des Piz Bernina ist sicherlich der schönste und berühmteste Firngrat der gesamten Alpenkette. Mit beinahe 600 Meter Höhendifferenz zieht diese makellose, mit einigen Wächten verzierte Firnschneide aus der Fuorcla Prievlusa geradlinig hinauf zum Piz Bianco, dem Vorgipfel des Piz Bernina. Bereits im Jahre 1878, 28 Jahre nach der Erstbesteigung des Bernina, gelangten der Berliner Güßfeldt und die beiden Führer Grass und Groß über diesen luftigen Weg zum Gipfel. Im Sommer 1960 kam ich erstmals ins Engadin. Von Chur ging die Fahrt per Anhalter weiter zum Julierpaß. Dort wo sich die Straße hinunter nach Silvaplana senkt, erblickte ich den Biancograt. Diese Himmelsleiter war für mich allein noch eine Nummer zu groß. Das Wetter war schlecht, und der Wirt der Tschiervahütte (der berühmt-berüchtigte »Morf«) riet mir sogar ab, auf den Piz Morteratsch zu gehen. Der erste Aufstieg zu diesem exzellenten Aussichtspunkt war dann auch umsonst. Am folgenden Tag noch mal hinauf zum Morteratsch. Starker Wind kam auf, trieb Wolken und Nebel auseinander, die Landschaft öffnete sich mehr und mehr. Nach zwei Stunden Warten im Biwaksack war der Biancograt frei. Nur auf seiner Leeseite wälzten sich die Wolken, konnten nicht entkommen, festgehalten vom Sog des Windes.

Eisbalkon, 1970 – Seite 27

Piz Roseg und Piz Palü sind zwar nicht die höchsten, aber die markantesten und formschönsten Gipfel der Bernina. Nicht nur für den Alpinisten besonders eindrucksvoll ist die 700 Meter hohe Nordostwand des Roseg mit ihren drei mächtigen Eisbalkonen in der Wandmitte. Wir waren von der Tschiervahütte auf dem Normalweg unterwegs. Das Wetter für den Gipfel war nicht besonders gut und schon gar nicht zuverlässig. Hinter und über der Porta da Roseg stand im Süden eine dunkle Wolkenwand. Das war der ideale Hintergrund für mein Bild vom Eisbalkon.

Val Brentei, Brenta, 1966 – Seite 28

Die Berge der Brenta, zwischen Etschtal und der Adamello-Presanella-Gruppe gelegen, sind zwar typische Dolomitengipfel – »Dolomiti di Brenta« sagen die Italiener –, werden aber aus geographischen Gründen nicht zu diesen dazugerechnet. Das Bild vermittelt eine abweisende, harte und scheinbar leblose Landschaft. Da ist weder Baum noch Strauch, nicht das kleinste Wiesenpolster. Sie lädt nicht ein zum längeren Verweilen, ist aber anziehend und aufregend. Es ist eine Urnatur, unverfälscht, ohne menschliche Spuren. Das steile Gegenlicht zur Mittagszeit, die scharfkantigen Blöcke und zersägten Grate unterstreichen zusätzlich den Eindruck einer fremden Welt. Wolken und Nebelfetzen bringen einen angenehmen Kontrast. Die beiden Berge im Hintergrund sind Cima Margherita und ein Teil des Crozzon di Brenta.

Bocchetteweg mit zwei Personen, 1966 – Seite 29

»Sentiero delle Bocchette« ist längst das Synonym für Klettersteige. Dieser berühmte Weg in der Brenta ist zwar nicht der erste in seiner Art, denn versicherte Steige gab es schon im vorigen Jahrhundert. In den dreißiger Jahren begann man mit der Anlage des Wegs, der größtenteils die ausgeprägten Bänder in den Wänden nutzt. Es ist die Eigenart des Bocchettewegs, daß er auf keinen Gipfel führt, sondern äußerst kühn und ausgesetzt mitten durch die Wände hindurch, in einen Bereich hinein, der sonst nur dem erfahrenen Kletterer vorbehalten bleibt. Beklemmend und erdrückend, dramatisch, ist diese Felswildnis ohne Himmel, ohne Ausblick. Zwei kleine, verlorene Menschen, sie gehen fast unter in der Masse Fels, geben aber dem Bild Orientierung und Maßstab.

Aiguille de Bionnassay, 1971 – Seite 30

Die Aiguille de Bionnassay ist ein Trabant, ein großes Anhängsel im Westen des Montblanc. Besonders eindrucksvoll ist die 1000 Meter hohe Nordwestwand auf der bildabgewandten Seite. Während des gesamten Aufstiegs zum Montblanc, wenn man den Normalweg über die Tête-Rousse- und die Goûterhütte nimmt, bleibt die Bionnassay im Blickfeld. Im Bild, aufgenommen oberhalb der Vallothütte, der Gipfel mit dem scharfen Firngrat, der sich klar gegen das 3000 Meter tiefer liegende Tal der Arve abhebt. Das Rückenlicht schafft kaum Strukturen, aber große Flächen aus Licht und Schatten. Mit Hilfe des Gelbfilters wurden diese bewußt verstärkt und übertrieben.

Über dem Vallée Blanche, 1967 – Seite 31

Es hat nicht gereicht, die Seilbahn hinauf auf die Pointe Helbronner von der italienischen Seite des Montblanc und die zur Aiguille du Midi auf der anderen Seite auch nicht. Geldgierige und größenwahnsinnige Macher auf beiden Seiten spannten zusätzlich Drahtseile und Kabel über eine der großartigsten Landschaften der Alpen, das Vallée Blanche und den Géantgletscher. Zwischen der schwarzen Masse der Grandes Jorasses und dem Grand Combin mit dem Matterhorn rechts dahinter, die dunkle Aiguille de Leschaux. Davor in den Wolken die Zacken und Spitzen des Périadeskamms.

Gegenlicht schafft Kontraste, läßt vieles verschwinden, vereinfacht und gibt klare Konturen. Die winzigen Gondeln wirken verloren, fehl am Platz, fast wie ein Witz.

Matterhorn, Walliser Alpen, 1973 – Seite 33

Das Matterhorn ist der schönste Berg der Erde. Seine Form und seine klaren Linien verleihen ihm große Eleganz und machen es zum Ideal eines Berges schlechthin. Das Matterhorn wird nie mit anderen verglichen, aber schöne Gipfel aus aller Welt vergleicht man gerne mit ihm. Kein anderer Berg der Erde wurde so oft, von so vielen Menschen gemalt, gefilmt, photographiert oder in irgendeiner Form abgebildet; kein anderer so oft beschrieben und erwähnt in Medien, Büchern und Romanen. Seit der dramatisch verlaufenen Erstbesteigung im Jahre 1865 haben Hunderttausende diesen Obelisken von allen Seiten, über alle Grate und Wände und zu allen Jahreszeiten bestiegen. Oben auf Höhbalmen, 1000 Meter über dem Zermatter Tal, ist der Standpunkt von diesem Photo. Der Neuschnee oberhalb 3000 Meter und die aufziehenden Wolken beleben das Bild.

Matterhorn vom Furgghorn, 1965 – Seite 34

Blick vom Furgghorn in die Südwand. Die ausgeprägte Schulter links ist der Pic Tyndall. Rechts die Ostwand mit Wolken. Das Wetter in der zweiten Julihälfte war meist schlecht und brachte mehrmals Neuschnee, so daß an größere Touren nicht zu denken war. Ein Ausflug zum Furgghorn brachte diese Aufnahme, als der Wind die Wolkendecke aufriß.

Matterhorn von Norden, 1969 – Seite 35

Auf dem Weg zur Schönbielhütte, ich ging über die Stafelalp, also unterhalb der Nordwand und dem Matterhorngletscher, ergab sich dieses Bild. Die Wolken waren stark in Bewegung, und als einige von der Sonne durchleuchtete Fetzen vor die düstere Wand schwebten, wurde belichtet. Um das ganze Motiv auf die Mattscheibe zu bekommen, wurde die Kamera nach oben gekippt, was eine Veränderung der gewohnten Perspektive zur Folge hatte.

Bergketten im Dunst, Dolomiten 1966 – Seite 36

Vom Gipfel der Cima d'Ombretta geht der Blick nach Südosten in Richtung Val Cordevole und Belluno. Der zarte Dunst in den Tälern und das direkte Gegenlicht reduzieren das Unwichtige, verstärken das Wesentliche und schaffen ein Bild von großer Einfachheit. Der schwarze Vordergrund wirkt schwer, hält das Bild zusammen und schafft den größtmöglichen Kontrast zu den feinsten Graustufen in der Ferne. Das suggeriert Raum und Tiefe im zweidimensionalen Bild.

Civetta mit Wolke, Dolomiten, 1973 – Seite 37

Die Civetta ist mehr als ein Berg mit einer großen Wand, sie ist eine Gebirgsgruppe mit mehreren Kämmen, die sich im 3218 Meter hohen Hauptgipfel vereinen. Das Bild zeigt die 1000 Meter hohe Wandflucht vom Torre di Coldai im Osten bis zum kleinen, spitzen Campanile di Pian de la Lora. Als das Reich des sechsten Grades hat man diese Riesenmauer aus Kalkgestein bezeichnet. Leichte Routen gibt es in dieser Wandflucht überhaupt nicht. Wer solche sucht, muß sich dem Berg von Süden nähern. Es ist Anfang Juli, die Tage sind noch lang, und die Sonne geht spät unter. Die Nordwestwand wird am Abend voll beleuchtet. Zwischen einer dünnen, hohen Wolkenschicht und dem Civetta-Massiv hat sich im Laufe von Stunden eine große, breite Cumuluswolke gebildet. Sie wirft einen kleinen Schatten in die Nordwestwand, und es sieht so aus, als habe sie sich ein wenig am Gipfelgrat verhängt. Für meine Aufnahme war sie ein Geschenk des Himmels.

Biwak im Col de la Fourche, 1967 – Seite 38

Vom Mont Maudit zieht ein langer Grat aus Fels und Eis zur Tour Ronde. Der anspruchsvolle Weg wird als Brenva-, Südost- oder Tour-Ronde-Grat bezeichnet. In einem Sattel unterhalb der Gabel (Fourche) liegt die Biwakschachtel in eindrucksvoller Szenerie. Von diesem Ausgangspunkt ist bis zum Mont Maudit mit sechs bis acht Stunden Aufstieg zu rechnen. Im Nebel und bei Dunkelheit erreichten wir die bescheidene Unterkunft. Sie war bis zum Rand voll mit Bergsteigern. Während des Wartens auf besseres Wetter riß es am folgenden Tag mehrmals auf, und ein Granitturm der Gabel wurde frei. Meinen Freund Edi Reinhardt bat ich vor die Hütte, um dem Bild einen Maßstab zu geben. Genau ein Jahr später gelang uns dann der Südostgrat.

Gelbe Kante, Kleine Zinne, 1966 – Seite 39

Die berühmten Drei Zinnen in den Sextener Dolomiten bestehen nicht nur aus drei, sondern einer größeren Zahl von Zinnen, Spitzen und Türmen. Auf dem Nebengipfel der Kleinen Zinne endet die gut 300 Meter hohe Gelbe Kante, die berühmte, luftige Klettertour über der Lavaredohütte.

Es ist Mitte Oktober, die Hütten sind geschlossen, und selbst an den Zinnen ist es ganz ruhig geworden. Ich bin unterwegs, um Bilder zu machen für ein Kletterbuch mit extremen Routen. In den Karren bei der Lavaredohütte steht die Kamera schon seit Stunden auf dem Stativ. Ich warte, daß die Gelbe Kante aus dem Grau der Wolken auftaucht, um endlich mein Bild in den Kasten zu bekommen.

Das Glück ist auf meiner Seite – die Kante erscheint, losgelöst vom störenden Hintergrund der Großen Zinne, die von Wolken verdeckt bleibt.

Montblanc, 1971 – Seite 40

Der Montblanc ist Grenzberg dreier Länder. Durch seinen Bauch verlaufen elf Kilometer Straße, und nicht weit von seinem Haupt entfernt führt eine überflüssige Bergbahn von Frankreich nach Italien. Montblanc, das ist auch ein dickes Buch alpiner Geschichte, angefüllt mit Erfolgen und Niederlagen, mit erfüllten und unerfüllten Träumen.

Es ist noch früher Morgen, und das erste Licht fällt in den obersten Teil der Nordflanke des Montblanc. Vorn am waagerechten Schattenrand die Vallothütte. Wer hier steht, ist dem Ziel schon nahe – 500 Höhenmeter trennen nur noch vom höchsten Alpengipfel. Wie relativ diese Zahl sein kann, können nur die ermessen, deren Energie hier zu Ende war. In diesem Bild, wie im nebenstehenden, überwiegen die dunklen Flächen, wodurch das Leuchten des Firns verstärkt wird.

Aufstieg zum Montblanc, 1971 – Seite 41

Wer die beiden Aufnahmen miteinander vergleicht, wird an der Beleuchtung erkennen, daß sie an verschiedenen Tagen, nicht während derselben Tour aufgenommen wurden. Wie könnte es sonst sein, daß auf diesem Bild die Sonne tiefer steht und längere Schatten wirft als auf jenem mit der Vallothütte, obwohl unser Standpunkt doch viel höher ist? Des Rätsels Lösung: Die Aufnahme entstand vier Wochen später, als ich wieder mit Gästen zum höchsten Alpengipfel unterwegs war. Die vermummten Gestalten, das wenige Licht und die Seilschaften im Schatten vermitteln das Gefühl von Kälte und Anstrengung.

Torre di Valgrande, Dolomiten, 1968 – Seite 42

Der markante und durch seine Form auffällige Torre di Valgrande steht im Osten der langen Civettamauer (im Bild links Torre d'Alleghe, rechts Torre di Valgrande). Über den dunklen Vorbau und den 120 Meter hohen Riß in der Wandmitte führt eine der meistbegangenen Routen der Civettagruppe. Natürlich nur für Extreme, die den sechsten Grad beherrschen.

Am Col Negro, unweit der Coldaihütte hatte ich einen guten Standpunkt für den Torre gefunden. Gegen Mittag zog Bewölkung auf, die mein Vorhaben zu vereiteln schien. Dann stand ich wieder dem Berg gegenüber, und das bekannte Spiel des Wartens und Hoffens begann aufs Neue. Endlich ein Wolkenloch an der richtigen Stelle. Drei Bilder hintereinander, denn die Beleuchtung änderte sich augenblicklich. So schnell die Sonne kam, so schnell verschwand sie wieder. Alles ging so hastig, daß ich meiner Sache nicht sicher war, am folgenden Tag noch mal wiederkam und weitere Aufnahmen machte. Wochen später in der Dunkelkammer stellte sich heraus, daß ein Bild vom ersten Tag das beste war.

Sella, Dolomiten, 1971 – Seite 43

Die Sella ist das Gegenteil von dem, was man sich im allgemeinen unter einem Berg vorstellt: ein riesiger, runder Gebirgsstock mit öden Hochflächen und Plateaus, die nach allen Seiten in bis zu 800 Meter hohen Wänden abbrechen. Eine Reihe von abgesprengten Türmen und Spitzen an den Plateaurändern sind Zeugnisse ständiger Umformung und Veränderung. Neben vielen Schluchten sind es besonders zwei Täler, die weit in das Massiv einschneiden: von Südwesten das breite Val Lasties und von Norden das enge Val de Mesdi. In unserem Bild blicken wir von der Pisciadùhütte hinüber zu den steilen Abbrüchen des Pizkofels (links) und Boèseekofels. Die zerfurchten Wände wirken wie ineinandergekeilte Riesendreiecke. Aus dem Val de Mesdi wachsen die Schatten der Pisciadùtürme empor.

Mawenzi vom Kibo gesehen, 1972 – Seite 44

Afrikas höchster Berg, der beinahe 6000 Meter hohe Kilimanjaro, ist einer der gewaltigsten Vulkane unserer Erde. Unter den hohen Bergen der Kontinente gibt es keinen zweiten Gipfel, der so häufig bestiegen wird. Er ist einfach, erfordert aber Gesundheit und eine Portion Ausdauer. Seine Gipfel, Kibo, Shira und Mawenzi, geben dem Kilimanjaro die Form eines riesigen Ovals. – Das Bild, ein Rückblick vom Kraterrand, zeigt 1600 Meter tiefer den Sattel mit dem Mawenzi im Hintergrund. Die geneigte Kamera täuscht eine flache Spur vor, welche jedoch wesentlich steiler ist. Die Wolkenbänke geben dem Bild Stimmung und Tiefe, unterstreichen die Weite der Landschaft. Sie haben den Berg eingerahmt, und es macht den Eindruck, als ob Himmel und Erde miteinander verschmelzen.

Sella im Winter, Dolomiten, 1968 – Seite 45

Ein winterliches Sellabild von Westen, von der Straße, die vom Sellajoch nach Wolkenstein hinunterführt. Es war ein Zufall, eine Situation, wie man sie nicht oft erlebt. An den Tagen zuvor gab es Neuschneefälle mit starkem Wind, der den feuchten Schnee gegen die Wände blies. Der haftete fest, gefror und schenkte so der Sella ein nicht alltägliches Winterkleid. Als für wenige Minuten Sonne, Wind und Wolken zusammenspielten und die Szenerie zum Leben brachten, hielt ich an und machte diese eine Aufnahme.

Piz Cambrena, Berninagruppe, 1970 – Seite 46

Der Piz Cambrena, 3600 Meter hoch, ein Berg der Berninagruppe, ist der östliche Nachbar des berühmten Piz Palü.

Das Bild zeigt eisige Hochgebirgslandschaft, aufgenommen an einem klaren Spätsommertag. Hinter dem eisbedeckten Cambrena ein Wolkenberg von doppelter Größe. Fast unbeweglich stand der Kumulonimbus am tiefblauen Himmel, im Gegensatz zu den eilig ziehenden Wolkenfetzen. Ein Gelbfilter verstärkte den Kontrast zwischen Himmel und Wolken, ebenso zwischen den Schneeflächen im Licht und jenen im Schatten. Im Vordergrund der apere Persgletscher mit einer Menge offener Spalten, die im verschneiten Zustand zur tödlichen Falle werden können.

Scioragruppe, Bergell, 1967 – Seite 47

Zwischen Engadin und Comer See liegt das Val Bregalia, das Bergell. In diesem Teil der Schweiz spürt man schon den Duft und die Wärme des Südens. Die Ortschaften passen ins Landschaftsbild. Dicht zusammengerückt stehen die Häuser; Die Architektur ist schlicht, schön und praktisch. Mauern, Stufen und Dächer bestehen aus demselben Granit wie die Berge über den Tälern.

Granitblöcke unweit der Sciorahütte – kleine, große und gewaltige, scharfkantige und abgerundete. Manche reizen zum Klettern, einige dienen den Schafen als Unterstand. Die Landschaft scheint chaotisch für solche, die nichts mit ihr anfangen können. Das seitliche Gegenlicht nimmt den Steinen ihre Härte und den Gipfeln ihre Strukturen. Das Licht und der Dunst schaffen eine ruhige Fläche mit zarter Kontur, die im Kontrast steht zum Vordergrund. In der Bildmitte die breite Punta Pioda, links davon Sciora di Fuori und rechts der Ago di Sciora.

Grandes Jorasses vom Montblanc du Tacul, Montblancgruppe, 1964 – Seite 48

Dominierend steht die dunkle Masse der Grandes Jorasses und ihre Trabanten im Raum, die sich im Bild so zusammengeschoben haben, daß es schwer ist, die einzelnen Gipfel ausfindig zu machen. Der Dent du Géant, der Riesenzahn, wirft seinen Schatten auf die Gletscherfläche und gibt sich damit zu erkennen. In der Ferne, am Horizont, die Gipfelwelt der Walliser Alpen mit dem Monte-Rosa-Massiv in der Mitte. Links vom Gipfel der Grandes Jorasses, Matterhorn, Rimpfischhorn und Grand Combin. Ein Mensch und eine Spur über den Wolken, 4200 Meter hoch, ganz dicht unter dem Gipfel des Montblanc du Tacul.

Beide geben Relation und Orientierung; sie vermitteln das Erlebnis einer Bergtour, die Abgeschiedenheit, Einsamkeit und das gute Gefühl, dort oben zu sein.

Blick vom Diablegrat, 1964 – Seite 49

Wir hatten noch vor Anbruch der Nacht einen guten Biwakplatz gefunden, eine großartige Aussichtskanzel, etwa 150 Meter unterhalb des Montblanc du Tacul. Gut heißt: einige ebene Stellen zum Sitzen oder sogar zum Liegen und sicher vor Eis- und Steinschlag. Zu hoffen war nur, daß das Wetter hielt. Ein großartiges Abenteuer lag hinter uns – die Überschreitung des Teufelsgrats. Das sind eine Reihe von Granittürmen, alle über 4000 Meter hoch, die man kletternd und abseilend überwindet. Eine große Tour in Fels und Eis, einer der großen, ernsten Wege in den Alpen. Mit Hilfe eines kleinen Tischstativs machte ich am frühen Morgen die Aufnahme, ohne den wärmenden Schlafsack zu verlassen. Die aufgehende Sonne traf die Firnfelder des Géantgletschers und das Wolkenmeer im Südosten, wo die Bergkämme der Grande Rochère herausragten.

Gewitterwolke, 1974 – Seite 50

Ein Hochsommertag im Karwendel – rechts im Bild die Westliche Karwendelspitze – auf dem Mittenwalder Höhenweg brachte mir dieses Bild von einem Wolkenberg, einem grandiosen Kumulonimbus. So eine Gewitterwolke ist zwar schön anzusehen, sie kann aber gefährlich werden, wenn sie ihre geballte elektrische Energie entlädt. Für uns war es ein sicheres Zeichen, eine Warnung zugleich, den ausgesetzten Grat mit seinen eisernen Sicherungen möglichst schnell zu verlassen. Ein Gelbfilter verstärkte nicht nur den Kontrast zwischen Himmel und Wolke, er brachte auch mehr Abstufung innerhalb der weißen und grauen Flächen. Die dunkle Masse Berg, der Vordergrund, wurde zugunsten der Wolke unterbelichtet. Aus dem großen Helligkeitskontrast und dem ungleichen Verhältnis zwischen Himmel und Erde erwächst Dynamik und Bedrohung.

Monsunwolken in Nepal, 1971 – Seite 51

Im Talbecken von Pokhara, 800 Meter über dem Meeresspiegel, gibt es fruchtbaren Boden, immergrüne Laubbäume und subtropisches Klima. Bananenstauden und Palmen im Vordergrund und Achttausender im Hintergrund, nur 35 Kilometer weiter im Norden. Es waren die ersten Tage im Oktober, und der Blick reichte nur zu den Wolken; die großen Berge waren höchstens zu ahnen. Der Monsun hatte noch nicht geendet – seine Ausläufer beeinflußten weiterhin das Wettergeschehen. Der Blick führt nach Süden zu den Vorbergen des Himalaya. Eine dunkelgraue Wolkendecke, schwanger mit Mengen von Regen, bildet den Gegensatz und Hintergrund zu den hellen Wolkenschichten in unterschiedlichen Höhenstufen.

Rochefortgrat, 1964 – Seite 52

Vom Dent du Géant zieht eine herrliche Firnschneide hinüber zur Aiguille de Rochefort. Der Weg ist abwechslungsreich durch mehrfache kurze Auf- und Abstiege, durch einige Felspassagen und interessante Wächtenbildungen. Beeindruckend ist der Blick nach Süden, 2400 Höhenmeter hinunter ins grüne Val Ferret mit seinen Almsiedlungen, Lärchenwäldern und dem Flüßchen Doire. Die Aussicht nach Norden ist das krasse Gegenteil, eine menschenfeindliche Landschaft, die kalte, bizarre Welt der Firne und Gletscher. Im Schnee ist eine Spur geblieben, die Menschen sind wieder gegangen. Sie ist ein Maßstab. Sie vermittelt Orientierung und Vorstellung von der Entfernung zum schwarzen Felssockel. Wind und Schnee werden sie verwehen.

Diablegrat, Montblancgruppe, 1964 – Seite 53

Felstürme im Diablegrat (Teufelsgrat) des Montblanc du Tacul, links die Pointe Mediane und rechts die Pointe Carmen mit dem charakteristischen Felshorn; die anderen drei Nadeln sind im Bild nicht sichtbar. Der weiße Fleck ganz rechts ist ein Teil der Tour-Ronde-Nordwand.

Die Grattürme mit ihrer Wucht und Schwärze geben dem Bild Halt und Tiefe; sie stehen kontrastreich zu den zarten Grautönen der Wolkenbänke und den kleinen Bergketten der Ferne. Die schwarzen Gipfel wiederholen sich in den drei Bergen darüber reizvoll in anderer Form.

Felsgebilde im Tessin, 1971 – Seite 55

Für mich war es schon immer ein besonderer Reiz, den Lauf eines Baches oder Flusses im Gebirge zu verfolgen, weg- und steglos auf Entdeckungsfahrt zu gehen. In einem Flußbett im Tessin entdeckte ich diese Felsen, die in Jahrtausenden oder in noch größeren Zeiträumen von der sanften Gewalt des Wassers geschliffen und geformt wurden.

Die Felsen beeindruckten durch ihre Formen und Strukturen; es reizte mich, daraus ein Bild zu gestalten. Das Wasser hatte eine Skulptur geschaffen, die ich später in der Dunkelkammer beim Vergrößern aufgerichtet habe. Wenn Sie also das Buch nach links drehen, haben Sie den natürlichen Eindruck.

Erdpyramiden, Südtirol, 1972 – Seite 56

Oberhalb Bozen gibt es am Ritten eine geologische Kuriosität, deren Geschichte etwa so verlaufen sein könnte: Es war einmal ein Moränenhang, der noch aus der letzten Eiszeit stammte. Er war durchsetzt von kleinen, großen und unterschiedlich geformten Steinen. Irgendwann fingen Regen, Schnee und Wasser an, den Moränenhang zu bearbeiten. Unzählige Rinnsale fraßen sich immer tiefer hinein, zerfurchten und zernagten das weiche Material. Dadurch bildeten sich Säulen, Türme und Spitzen. Viele schützten ihr Haupt mit einem Stein, manche mit einer Platte, die wie ein Schirm wirkt und somit den Zerfall verzögert.

Karren in den Dolomiten, 1966 – Seite 57

Überall dort, wo es Kalkgebirge und Karstlandschaften gibt, finden wir Karren. Hierbei handelt es sich um Verwitterung in ebenen oder nur schwach geneigten Kalkplatten, die durch kohlensäurehaltiges Schmelz- und Regenwasser verursacht wird. Die chemische Reaktion zersetzt und löst den Kalkstein – so entstehen scharfgeschnittene Furchen, Risse und Gräben in sehr unterschiedlicher Höhe oder Tiefe.

Granitplatten im Bergell, 1966 – Seite 58

Zu den wenigen Erwerbsmöglichkeiten im Bergell zählt auch heute noch für manche Männer die Arbeit in den Steinbrüchen. Hier wird der Granit gebrochen und so weit zu Platten und Blöcken verarbeitet, daß er transportiert werden kann. Das grobkörnige, hellgraue Gestein findet vielfältige Anwendung.

Das Bild entstand in der Mittagszeit an einem Tag im Juni. Harte Beleuchtung, klare Konturen, die scharfen Kanten und Spitzen der ordentlich geschichteten Platten sind Ausdruck einer sehr schweren und manchmal auch gefährlichen Arbeit.

Steinmann am Weg, 1970 – Seite 59

Im östlichen Teil der Zillertaler Alpen, unter Reichenspitze, Gabler und Wildgerlosspitze, liegt die Zittauer Hütte. Während des Aufstiegs am Nachmittag, als beide Bergflanken des Wildgerlostals bereits im Schatten lagen, entstand die Aufnahme. Über den Kitzbüheler Alpen im Norden hingen graue Wolken, und der Regen ließ nicht lange auf sich warten – ein für das Hochgebirge typischer schneller Wetterwechsel. Steinmänner dienen der Orientierung, werden häufig an wichtigen Wegstellen und auch auf Gipfeln errichtet.

Blockmeer im Odenwald, 1963 – Seite 61

Blockmeere finden wir in vielen Mittelgebirgen Europas. Für den Odenwald sind solche Anhäufungen von abgerundeten Blöcken besonders charakteristisch. Sie sind Überreste kompakter Felsmassive, die Folgen langzeitlicher Verwitterung.

Ein dünnes Neuschneekleid und die zarte Bereifung verschaffte den Blöcken ein ungewöhnliches Aussehen. Im Gegensatz zu den dunklen Felskolossen steht der angeschnittene, filigrane Buchenwald im Hintergrund. Die Aufnahme erfolgte bei bedecktem Himmel.

Salbitschijen-Gipfelnadel, 1966 – Seite 63

Der Salbitschijen in den Urner Alpen ist ein phantastischer Kletterberg. Mit seinen langen Graten und vielen Türmen bietet er dem guten Kletterer eine Menge herrlicher Wege im festen Granit. Dieser Berg hält für jeden seiner Besteiger eine besondere Überraschung bereit, denn auf dem Gipfel ist man noch nicht oben. Da steht die 15 Meter hohe Gipfelnadel, und eine Besteigung ist der krönende Abschluß. Die wenigen Meter Kletterei sind sehr ausgesetzt, nicht gesichert, erfordern Mut und die Beherrschung des fünften Schwierigkeitsgrades.

Am Nordostpfeiler von Les Droites, 1967 – Seite 64

Der Argentièrekessel in der Montblancgruppe ist berühmt wegen seiner Nordwände, einer Reihe von großen Eisanstiegen, die zu den schwierigsten im Alpenkamm zählen. Neben den Eiswänden gibt es aber auch große Wege im Fels, wie der direkte, 1200 Meter hohe Nordostpfeiler von Les Droites. Die Aufnahme entstand an einem Julitag im unteren Teil des Pfeilers. Es war zu warm, man sieht es an der leichten Kleidung meines Freundes Peter Blattmann – natürlich waren Überkleidung, Daunenjacke und Biwakzeug im Rucksack. Nach 20 Seillängen schöner und abwechslungreicher Kletterei veränderte sich das Wetter zusehends, und uns kamen Zweifel am Gelingen der Tour. Das Risiko, in einen Wettersturz zu kommen, wäre zu groß gewesen. Wir entschlossen uns zum Rückzug.

Von all dem ist im Bild nichts zu spüren und zu erkennen. Die Morgensonne fällt flach über den Fels, bringt die Struktur des Granits gut heraus und schafft eine Atmosphäre von Sicherheit, Ruhe und Vertrautheit.

Karabiner und Kletterer, Bayerische Voralpen, 1975 – Seite 65

Die Aufnahme war so nicht geplant, es war ein Zufall. Ich wollte Karabiner und Doppelseil groß auf den Film bringen. Beim Scharfstellen auf der Mattscheibe (offene Blende) fiel mir die groteske Figur des Kletterers auf, die mich veranlaßte, sie genau so – ohne Abblenden – mit ins Bild zu nehmen. Dieser und der vorhergehenden Aufnahme ist gemeinsam, daß beide Personen eine schwierige Stelle mit Spreiztechnik überwinden und am Doppelseil gehen. Der große Unterschied jedoch: Hier sind wir am Plankenstein in den Bayerischen Voralpen nur wenige Meter über dem sicheren Boden – dort auf einer großen Route im Hochgebirge, die auf einen 4000 Meter hohen Berg führt. Da läßt es sich leicht nahvollziehen, welch unterschiedliche Anforderungen an den Photographen gestellt werden.

Dach an der Aiguille du Midi, 1974 – Seite 66

Gäbe es keine Seilbahn auf die 3842 Meter hohe Aiguille du Midi, dann kämen nur selten Kletterer zu den maximal 200 Meter hohen Wänden, denn der lange Anmarsch stünde in keinem Verhältnis zu den kurzen Klettereien. Es gibt sie aber. Sie machte die Aiguille du Midi zum höchsten Klettergarten der Alpen. Die grandiose Landschaft und der hervorragende Fels tragen wesentlich zur großen Beliebtheit dieser nach Süden orientierten Wände bei. Im Bild Bergführerkollege Otto Sittel bei der Überwindung eines Dachs mit künstlichen Hilfsmitteln. Im Hintergrund der Dôme und die Aiguille du Gôuter.

Abseilen an den Cinque Torri, 1975 – Seite 67

Hoch über dem weiten Talkessel von Cortina d'Ampezzo liegt die kleine Gruppe der Cinque Torri. Es scheint, als seien sie von Riesenhand dort hingewürfelt worden. Der höchste unter ihnen, der Torre Grande, mißt ganze 160 Meter. Neben den Türmen gibt es noch eine Anzahl von unterschiedlich großen Blöcken. Das Ganze ist ein herrlicher Klettergarten, ein Platz zum Spielen, Bouldern und Klettern. Auf dem Rücken liegend, richte ich die Kamera steil gegen den Himmel – das bringt klare Konturen und bildwirksame Diagonalen. Der Blick leitet zur Bildmitte, zur Person. Die Dynamik der Aufnahme wird zusätzlich verstärkt durch das bewegte, geschwungene Seil und die schwarze Felspartie in der oberen Bildhälfte. Die dunkle Masse stört das Gleichgewicht und läßt somit Gefahr und Bedrohung empfinden.

Klettern an der Aiguille du Midi, 1974 – Seiten 68 und 69

Herrlicher Fels, fester und rauher Granit in einer grandiosen Landschaft. Beide Aufnahmen zeigen den Charakter und die Oberfläche des Gesteins. Große glatte Flächen, von einigen Rissen durchzogen, sind dominierend. Der Fels ist kompakt, Griffe und Tritte sind rar. Beide Bilder beinhalten ein Motiv – die Person befindet sich hier wie dort an derselben Stelle. Nur durch die Veränderung des Aufnahmestandpunktes – das war relativ leicht möglich – ergaben sich zwei völlig verschiedene Darstellungen. Die eine Aufnahme gibt Überblick, zeigt die Eisbrüche und läßt die Umgebung ahnen; sie hält den Betrachter auf Distanz. Die andere bezieht ihn mit ein ins Geschehen – das Seil gibt eine optische wie gefühlsmäßige Verbindung zum Kletterer.

Kamin im Bergell, 1970 – Seite 70

Eine Kontrastaufnahme zum Bild Seite 71. Die Berge des Bergell sind um 1000 Meter höher als jene im Wilden Kaiser. Die Touren sind länger und ernster. Das Gestein ist harter Granit. Das eine Bild ist leicht und offen, ohne Begrenzung – dieses hier eingerahmt von schwarzen Kaminwänden. Ein Block und überhängender Fels engen die Szene zusätzlich ein. Das Licht der Mittagssonne setzt harte Konturen.

Christaturm – Südostkante, 1965 – Seite 71

Wilder Kaiser – mit diesem Namen verbindet sich Klettern, festes hellgraues Kalkgestein und Felsrouten bis zu den obersten Schwierigkeitsgraden, aber auch eindrucksvolle Wanderwege und ein großes Stück alpiner Geschichte. Die »Christakante« ist eine vielbegangene Genußtour für Leute, die den fünften Grad beherrschen. Zu dritt sind wir unterwegs an einem Tag im Hochsommer.

Das klare Profil der Kante, die hellen Wolkenfetzen und die kleine Person mit dem großen Schritt reizten zur Aufnahme. Ein geteiltes Bild in der Vertikalen, halb Himmel, halb Fels, Kontrast zwischen Leichtigkeit und Schwere – die Luftigkeit des Kletterns kommt zum Ausdruck.

Kamin in den Cinque Torri, 1975 – Seiten 72 und 73

Dieser Klettergarten über Cortina d'Ampezzo wurde in Bild Seite 67 bereits erwähnt. Da gibt es zwischen den Türmen und Blöcken einen schrägen Kamin, der mit seinen glatten Wänden und der ungewöhnlichen Form zum Klettern lockt. Der Spalt im Fels und das schräg einfallende Licht – die Sonne stand genau hinter der linken Felskante – versprachen ein Bild aus starken Kontrasten. Es fehlte nur der Mensch zwischen den dunklen Flächen, der einen Maßstab vermittelt und für die notwendige Bildspannung sorgt.

Ich stellte die Kamera aufs Stativ, machte die notwendigen Einstellungen, band mich ins Seil und kletterte los. Meine Partnerin löste aus, immer dann, wenn ich glaubte, in einer günstigen Position zu sein. Wir machten eine ganze Serie von Belichtungen mit unterschiedlichen Einstellungen. Gestellte Bilder, eine Sequenz in Schwarz und Weiß, ein Spiel an einem Nachmittag im August. Später, daheim in der Dunkelkammer kam die Idee, zwei Aufnahmen, die eine seitenverkehrt gegen die andere, auf ein Blatt Papier zu vergrößern.

Eiszapfen am Nanga Parbat, 1970 – Seite 75

Im Sommer 1969 bekam ich eine Einladung, an der deutschen Nanga-Parbat-Expedition teilzunehmen. Das war eine große Sache, denn damals hatte eine Expedition in den Himalaya einen anderen Charakter und Stellenwert als heute. Im Leben eines jeden Teilnehmers war dieses Unternehmen ein ganz besonderes Ereignis. Für mich kam die Einladung überraschend, und ich war schon etwas stolz, Mitglied der achtzehnköpfigen Mannschaft zu sein. Unser Unternehmen war erfolgreich und tragisch zugleich. Die 4500 Meter hohe Rupalwand, die höchste der Erde, wurde durchstiegen und der Gipfel erreicht. Der Erfolg wurde überschattet vom Tod des Günther Messner. Reinhold verlor seinen Bruder, wir anderen einen liebenswerten Kameraden. Das Bild entstand in 6000 Meter Höhe, am Rande eines Eisabbruchs. An dem überhängenden Eiswulst hatten sich riesige Eiszapfen gebildet, manche bis zu vier Meter Länge. Zwischen ihnen Wolkenbänke und Berge des Karakorum. Ich benutzte einen Gelbfilter, um die Kontraste zu erhöhen.

Abseilen über Firnblöcke, 1967 – Seite 76

Wir stiegen durch die bizarren Brüche des Géantgletschers und entdeckten dabei immer wieder abenteuerliche Formen und Gebilde, eine skurrile Architektur aus Firn und Eis. Es ist eine schnell vergängliche Welt, die sich in kurzen Zeiträumen verwandelt, um sich immer wieder neu zu gestalten.

Im Bild erkennt man deutlich die Linien, welche die Perioden des Schneefalls anzeigen. Ein Orangefilter, es absorbiert viel blaues Licht, brachte den schwarzen Himmel und die gute Abstufung in den Schattenpartien.

Im Glacier des Bossons, 1965 – Seite 77

Das Eis des Bossonsgletschers beginnt seinen Weg auf der Kalotte des Montblanc und endet in einer Höhe von nur 1250 Metern. Kein anderer Eisstrom der Alpen weist einen so großen Höhenunterschied auf. Im Gegensatz zu den meisten Gletschern trägt dieser fast kein Geröll und Schutt. Deshalb eignet er sich hervorragend für Übungen und Kletterkurse, um mit der Materie Eis vertraut zu werden.

In der Gegenlichtaufnahme kommt die wabenförmige Struktur der Oberfläche zur Geltung – sie entsteht durch Sonneneinstrahlung und dem Wechsel aus Schmelzen und Gefrieren. Der dunkle Hintergrund sind Wald und Moränenhänge im Schatten, die zugunsten des hellen Eises total unterbelichtet wurden.

Auf dem Taschachferner, 1971 – Seite 78

Wir waren auf der Wildspitze und steigen nun ab zum Taschachhaus. Die Sonne steht schon hoch, die Schatten sind kurz, und der Schnee wird weich. Noch mal ein Blick zurück zum südlichen Gipfel der Wildspitze. Es entstand ein Bild nur aus Flächen und Linien, aus dem starken Kontrast von Hell und Dunkel – Strukturen sind kaum vorhanden. Die Spur und die winzigen Menschen sind ein Anhaltspunkt für die Dimension der Landschaft.

unterwegs zur Petersenspitze, 1971 – Seite 79

Wer von der Vernagthütte zur Wildspitze steigt, kann einen kurzen Abstecher auf die Petersenspitze machen. Die Aufnahme entbehrt nicht einer gewissen Komik, sie gleicht einer Theaterinszenierung in einer fremden Umgebung. Es war ein schöner Zufall, daß sich die acht Leute nicht überschnitten und frei vor der hellen Fläche standen. Vier Seile leiten aus dem Bild heraus – zu Menschen, die man nicht sieht, aber ahnen kann. Drei markante Spuren führen ins Dunkel – da stellt sich die Frage: Welche ist die richtige, in welcher werden die Leute gehen? Die Antwort: Auf allen erreicht man dasselbe Ziel; wir haben keine verfolgt, weil das Gehen auf dem festen Firn, außerhalb der hartgefrorenen Fußstapfen, viel angenehmer war.

Les-Courtes-Nordwand, 1966 – Seite 80

Der Argentièrekessel über dem Tal von Chamonix ist grandios, einzigartig, immer wieder atemberaubend. Hier gibt es die schönsten und schwierigsten Eiswände des Alpenkamms. Die Les-Courtes-Nordwand mit einer Wandhöhe von 800 Metern ist eine der anspruchsvollsten. Im mittleren Teil sind, wenn man der Originalroute folgt, drei sehr steile Seillängen zwischen 60 und 70 Grad Neigung zu bewältigen. Das Bild vermittelt Steilheit und Ausgesetztheit und macht verständlich, daß bei solchen Eisanstiegen gute Nerven von Nutzen sind. Nach acht Stunden in der Wand brach mir 50 Meter unter dem Gipfel das Steigeisen. Trotz dieser Panne konnten wir die Tour gut und sicher zu Ende führen.

Aiguille-de-Bionnassay-Nordwestwand, 1968 – Seite 81

Ganz im Westen hat der Montblanc eine beachtliche Gratschulter, die ein selbständiger 4000 Meter hoher Berg ist. Die Aiguille de Bionnassay wurde 1865 erstmals bestiegen, im selben Jahr wie das Matterhorn. Das Ungewöhnliche an dieser Besteigung war, daß die fünf Männer nicht einen leichteren Zugang wählten, sondern sich für den schwierigen Weg durch die 1000-Meter-Wand entschieden. Vom Gipfel zieht ein steiler Eismantel in die Tiefe, an mehreren Stellen zerklüftet und aufgerissen. Diese Nordwestwand ist eine eindrucksvolle Eistour, nie einförmig oder langweilig, und durch diese Eisbrüche muß man seinen Weg suchen.

Das Bild nahm ich im unteren Teil auf. Wir waren zu spät am Morgen eingestiegen, die Sonne stand schon hoch, warf lange Schatten und zeichnete die scharfe Struktur des Firns. Bedrohlich und beängstigend zugleich wirken die mächtigen, zerrissenen Séracs – doch wir befanden uns außerhalb der Gefahrenzone. Der gefährlichste Teil kam erst nach dem Gipfel, in Form eines weichen und messerscharfen Firngrates und eines Wetterumschwungs mit Gewitter, Nebel und Sturm.

Biancograt, Berninagruppe, 1969 – Seite 82

In der Fuorcla Prievlusa zwischen Piz Morteratsch und Piz Bernina, am Beginn des Biancograts, hatte ich die Nacht auf einem geräumigen Felsband verbracht. Am Vortag war ich aufgestiegen, vorbei an der Tschiervahütte und hinauf in die Scharte. Seit Tagen ist niemand mehr den Grat gegangen, und die Verhältnisse seien allgemein schlecht, sagten die Leute im Tal. Während des Zusammenpackens hörte ich Stimmen. Sieben Personen kamen herauf, vier aus München und drei aus Kitzbühel. Ich war froh, denn ein Bild vom Grat mit Menschen wäre ein besseres als eines ohne. Die Münchner entschieden sich dann aber zur Umkehr, die Österreicher gingen weiter. Später, meine Bilder waren im Kasten, schlossen wir uns zusammen und bildeten zwei Seilschaften.

Grosser Aletschgletscher, 1969 – Seite 83

Der Große Aletschgletscher in der Schweiz bildet das größte zusammenhängende Eisgebiet der Alpen. Vom Jungfraujoch bis hinunter zur Massaschlucht mißt seine Länge mehr als 24 Kilometer. Er ist nicht nur der längste Eisstrom der Alpen, auch mit seiner Fläche und Masse übertrifft er alle anderen. Vier Teilströme vereinen sich im Konkordiaplatz. Messungen haben hier einen weiteren Superlativ ergeben: eine Eisdicke von 850 Metern. Seine Fließgeschwindigkeit (vom Ort der Messung abhängig) beträgt teilweise einen halben Meter pro Tag.

Die Aufnahme entstand in der Nähe des Konkordiaplatzes an einem Nachmittag im Juli. Die Sonne stand schon tief und warf die langen Schatten der sechs Personen über eine dunkle Mulde. Sekunden später war der Witz des Bildes mit den Leuten ins Dunkel abgetaucht.

Auf dem Marzellferner, 1973 – Seite 84

Der kleine Marzellferner in den Ötztaler Alpen nimmt seinen Anfang unter der Nordwand des Similaun, und sein Ende liegt nahe der Martin-Busch-Hütte. Es ist Mitte Juli, die Eisfläche ist aper, also ohne Schnee, nur von feinen Rissen durchzogen, und nirgendwo besteht die Gefahr eines Spaltensturzes. Zwei zusammenfließende Gletscherarme bilden eine Mittelmoräne, wie mit dem Lineal gezogen.

Ich bemerkte die drei Personen und wartete, bis sie mir passend in die obere Bildhälfte liefen. Als ich dieses und weitere Bilder von einem erhöhten Standpunkt der Seitenmoräne belichtete, war der Himmel von einer leichten Wolkendecke verhangen.

Auf dem Tschiervagletscher, 1970 – Seite 85

Ein Bild aus der Vogelperspektive, nicht vom Hubschrauber oder Flugzeug, sondern vom Piz Umur aufgenommen. Dieser ist kein richtiger Berg, sondern nur ein langer Felsrücken, die nordwestliche Verlängerung des Piz Scerscen. Er ist allerdings ein guter Aussichtspunkt inmitten des Tschiervagletschers, umgeben von Bernina, Roseg und Morteratsch. Die beiden Seilschaften sind auf dem Rückweg vom Piz Roseg. Acht Menschen auf einer scheinbar sicheren Spur. Tiefe schwarze Löcher, verdeckte Spalten, trügerische Schneebrücken und aufgeweichter Firn – eine Welt voller Bedrohung. Wer hier unterwegs ist, braucht alpine Erfahrung und Können im Umgang mit Seil und Pickel.

In der Nordwestwand des Wiesbachhorns, hohe Tauern, 1962 – Seite 86

Die Nordwestwand des Großen Wiesbachhorns in den hohen Tauern ist die bekannteste Eiswand der Ostalpen. Welzenbach und Riegele, die Erstbegeher, benutzten bei diesem Anstieg erstmals etwa 30 Zentimeter lange Eishaken zum Sichern und zum Klettern. Für Pit Schubert und mich war es im Jahre 1962 das erste Mal, daß wir uns in eine Eiswand wagten. Wetter und Verhältnisse waren gut an einem der ersten Sommertage dieses Jahres.

Das Bild entstand nicht weit vom Gipfel entfernt, als die Sonne ganz flach über den harten Firn strich, lange Schatten warf und die sprühenden Eiskristalle aufleuchten ließ. Direktes Gegenlicht, die Sonne ist vom Körper verdeckt, zeichnet einen feinen Lichtsaum um die Person.

Lenzspitze Nordostwand, 1962 – Seite 87

Hoch über Saas Fee, in der Mischabelgruppe, befindet sich die Nordostwand der Lenzspitze, ein ebenmäßiger, 500 Meter hoher Firnschild. In den frühen sechziger Jahren wurde diese Tour nur selten gemacht, und es war ein Zufall, daß sich an jenem Morgen im August acht Leute am Bergschrund trafen, um über die Wand den Gipfel zu erreichen. Helmut Keil und ich waren die letzten, die den Schrund überkletterten und folglich den ganzen Segen von Eissplittern der Vorausgehenden abbekamen – ein wichtiger Grund, die anderen zu überholen.

Diese Aufnahme von den Gipfelfelsen hinunter in die Wand entstand, als für Momente einige Sonnenflecken die Szenerie belebten. Durch die Neigung der Kamera nach unten ergibt sich eine perspektivische Verzerrung, welche die Wand flacher als in Wirklichkeit erscheinen läßt.

Aiguille Blanche de Peuterey, 1962 – Seite 88

Der gesamte Peutereygrat zum Gipfel des Montblanc ist die längste und großartigste Tour in den Alpen. Auf den Almwiesen im Val Veny, in nur 1500 Meter Höhe, beginnt das Abenteuer. Schon beim Aufstieg mit schwerem Rucksack zur Noirehütte wird Orientierungssinn gefordert, und mehrere Kletterstellen sind zu überwinden. Der folgende lange Südgrat zur Aiguille Noire ist der schwierigste Teil, und er wäre alleingenommen eine große Bergfahrt für sich.

Nach dem Gipfel ging es im Dülfersitz (Abseilachter und Sitzgurt gab es damals noch nicht) 400 Meter in die Tiefe, um nach der Querung der Dames Anglaises den Aufstieg in die Brèche Nord fortzusetzen – hier beginnt der normale Peutereygrat. Nach den drei Gipfeln der Aiguille Blanche gibt es noch mal eine Abseilfahrt hinunter in den Col de Peuterey. Der letzte große Aufschwung am Montblanc, 800 Meter steiles Eis, führen dann hinauf zur Gipfelkalotte.

Die Gegenlichtaufnahme entstand auf dem Gipfel der Aiguille Blanche, nach unserem dritten Biwak, am fünften Tag nach dem Aufbruch im Val Veny.

Im Glacier des Bossons, 1974 – Seite 89

Die Qualität des Eises, angenehme Temperaturen und die leichte Erreichbarkeit des Gletschers machen den Glacier des Bossons zu einem ungewöhnlichen Eisklettergarten. Es macht Spaß, hier zu steigen, auf Entdeckung zu gehen. Von Jahr zu Jahr verändert sich das Eis, schafft immer wieder neue Formen – wie diese labile Schwarte, welche mir willkommen war für die Gestaltung des Bildes.

Nach einigem Suchen wählte ich meinen Standpunkt unten in einer Mulde, nicht ganz ungefährlich, um das Motiv von seiner Umgebung loszulösen. Einen ruhigen, jedoch nicht langweiligen Hintergrund brachte der mit Wolkenschleiern überzogene Himmel.

Unter der Aiguille de Trélatête, 1965 – Seite 90

Im Südwesten der Montblancgruppe steht ein einsamer Berg, die Aiguille de Trélatête. Sie ist nicht leicht zu erreichen, und es fehlen ihr einige Meter bis zur Marke 4000. Vielleicht sind das die Gründe, daß sie nicht oft besucht wird. Unterwegs zum Gipfel, wir überschritten den Petit Montblanc, fiel mir dieses glatte Oval auf, und es lag nahe, ein Bild daraus zu machen. Schön gleichmäßig und scharf begrenzt hat der Wind die Mulde ausgeblasen und den Rand mit Gangeln geschmückt.

In der Condoririgruppe, Bolivien, 1976 – Seite 91

Von La Paz, der höchstgelegenen Hauptstadt der Erde, ist die kleine Gebirgsgruppe leicht und schnell zu erreichen. Eine Reihe von schönen, über 5000 Meter hohen Gipfeln bieten mittelschwere Anstiege, die ohne Hochlager zu machen sind. Beim Abstieg vom Nevado Illusion spielen Nebel und Wolkenfetzen um den Alpamayo chico. Die winzigen Menschen beleben das Bild, schaffen Spannung und das notwendige Größenverhältnis.

Unter dem Silbersattel, 1967 – Seite 93

Den zweithöchsten Gipfel der Alpen, die Dufourspitze im Monte-Rosa-Stock, besteigt man am besten mit Ski. Weite, mittelsteile Hänge, nach Nordwesten orientiert, bieten es regelrecht an, um nach sechs bis acht Stunden Aufstieg, nach dem Gipfel, die Rückkehr zur Hütte auf Ski zu genießen. Wir sind Anfang Mai unterwegs, eine gute Zeit für Skitouren in solcher Höhe. Über den Brüchen am oberen Bildrand ist der Silbersattel zu sehen. Bewußt hatte ich den Himmel und die Gipfel von Nordend und Dufourspitze aus dem Bild ausgeschlossen, um das Auge nicht abzulenken von der Dramatik dieser eisigen und abweisenden Landschaft, die aber auch neugierig macht, sie zu erfahren.

Abfahrt am Trugberg, 1973 – Seite 94

Beinahe 4000 Meter hoch ist der Trugberg und doch nur ein unbedeutender Berg, ein großer Rücken zwischen Ewigschneefeld und Jungfraufirn. Die Aufnahme ist nicht übersteilt, nicht manipuliert, keine Photomontage. Es braucht etwas Betrachtungszeit zum Orientieren. Ein Bild aus drei Teilen: ein Schattenteil mit dem Bergschrund, einer aus Licht mit dem kühnen Fahrer und einer aus dunklem Fels. Die schwarzen und weißen Diagonalen schaffen klare Verhältnisse. Bergführerkollege Otto Sittel trug seine Ski bis zum ersten Felsabsatz im Grat, schwang hinunter, und ich photographierte.

Höhensturm am Gran Paradiso, 1968 – Seite 95

In den obersten Regionen des Hochgebirges ist es keine Seltenheit, daß an klaren Tagen der Sturm über Grate, Gipfel und Hochflächen peitscht. Unten im Tal herrscht Windstille, oben leuchten Schneefahnen gegen den tiefblauen Himmel.

Hätte ich die Freunde am sehr frühen Morgen nicht aus den Decken geholt, wäre dieses Bild nicht entstanden. Zu einer späteren Stunde war das Licht nicht mehr interessant. Die Ski hatten wir abgelegt und gesichert, denn Eisplatten und Gangeln bescheren keine Abfahrtsfreuden. Die dunkle Felsmauer mit dem Gipfel war in greifbarer Nähe. Alles darunter schien in Bewegung, im fließenden, vom Sturm getriebenen Schnee. Ich ließ die Freunde vorbeiziehen, um sie später im Bild zu haben. Unter solchen Bedingungen Aufnahmen zu machen, erfordert Vorausdenken, klare Überlegungen und schnelles Handeln: Überhandschuhe und Wollfäustlinge runter von den Händen – nur nicht verlieren, denn der Sturm ist stark. Kamera raus aus dem Sack, Blende und Zeit einstellen bevor die Finger gefühllos werden, dann zwei, drei Belichtungen und so schnell wie möglich wieder hinein in die Handschuhe.

Verschneite Blöcke, 1968 – Seite 96

Die Brenta kannte ich bis dahin nur vom Sommer. Das Winterkleid gab der strengen Landschaft Milde und Weichheit, Stimmen und Laute waren gedämpft, und man begegnete nur selten einem Gleichgesinnten. Wir kamen vom Passo del Crosté, wanderten mit Ski und Fellen mehrfach auf und ab hinüber zur Tucketthütte und beendeten den Ausflug mit der Abfahrt ins Vallesinella. Die große Zahl von kleinen und mächtigen Blöcken unweit der Tucketthütte sind die Überreste eines Bergsturzes.

Skibetrieb in Les Deux Alpes, 1968 – Seite 97

Les Deux Alpes ist eine moderne Skistation in den französischen Alpen, 1600 Meter hoch, dicht vor dem Dauphiné. Seit Tagen wartete ich auf besseres Wetter, um Aufnahmen zu machen, vom Ort, den idealen Pisten darüber und vom Skibetrieb. Es war kalt und der Himmel bedeckt, ein denkbar schlechtes Licht für meine Arbeit, aber interessant das Treiben der Menschen auf der weißen, kontrastlosen Fläche. In der Szene lag eine gewisse Komik, ein Reiz, der mich zur Kamera greifen ließ. Da waren die Figuren im Lift, alle schön geordnet in derselben Haltung, und die anderen, befreit vom Zugbügel, in unterschiedlichen Stellungen und Verrenkungen, irgendwie bemüht, den Einstieg zum Schlepper wieder zu erlangen. Die Wohnwagen, Masten und leeren Sessel stehen in einer seltsamen Mischung mit den wenigen Büschen und Baumgruppen.

Aufstieg zum Gran Paradiso, 1968 – Seite 98

Einer der »leichtesten« und meistbestiegenen Viertausender – Gran Paradiso, ein Modeberg in den Grajischen Alpen. Knappe drei Stunden waren wir durch Pulverschnee aufgestiegen, bis sich die Verhältnisse schlagartig änderten. Das Bild dokumentiert es: die Gangeln, die Verwehungen, die blankgefegten Eisplatten. Die letzten Höhenmeter zum felsigen Gipfelgrat gingen wir ohne Ski.

Abseits der Piste über Flaine, 1971 – Seite 99

Flaine, eine der auf dem Reißbrett entworfenen Skistationen in den französischen Alpen, ideale 1600 Meter hoch, wenige Kilometer nordwestlich von Chamonix gelegen. Hotel- und Appartementkästen, zehn Stockwerke hoch, nicht gewachsen, nicht von Einheimischen erbaut – fremdes Kapital, Fremdkörper. Die andere Seite der Medaille, ein tolles Skigebiet, alles bestens koordiniert auf nordseitigen Pisten, oben freie Hänge, weiter unten lichte Waldstücke. Nicht zu vergessen das Panorama der Montblancgruppe, von den Grandes Jorasses bis hin zur Aiguille de Bionnassay. Im Bild eine breite Schneerampe, eingerahmt zwischen dunklen Felswänden und einer Schattenmulde mit weichen Konturen, vom Wind ausgeblasen und modelliert. Mittendrin Skifahrer in Aktion, zuvor etwas Regie, dann herrliches Schwingen im aufgefirnten Schnee.

Corridor des Grand Combin, 1968 – Seite 101

Im Westen der Walliser Alpen erhebt sich ein mächtiger Berg, ein Massiv mit vier Gipfeln, der Grand Combin. Nach Norden fließen und stürzen dicke Eismäntel über breite Terrassen und senkrechte Felsabrüche hinunter zum Glacier de Corbassière, die eindrucksvollste Seite des Combins. Hier verläuft der leichteste Weg zum Gipfel. Die Route ist sehr gefährlich, da die lange aufsteigende Querung über den sogenannten Corridor ständig durch Eisschlag bedroht ist. Zu allen Zeiten, unabhängig von Wärme und Kälte, bei Tag und bei Nacht schiebt der Gletscher des Gipfeldaches tonnenschwere Eismassen über die lange Felskante. Mitten im Corridor, der einzigen relativ sicheren Stelle, deponierten wir die Ski, weil der Weiterweg mit Eisbrocken übersät war. Wucht und Struktur der Eiswand gaben den Impuls zur Aufnahme. Schneefahnen links im Bild verraten den Höhensturm.

Aufstieg im Nebel, 1968 – Seiten 102 und 103

In Fionnay im Val de Bagnes machten wir uns auf den Weg zur 1200 Meter höher gelegenen Panossièrehütte. Im Führer sind vier Stunden angegeben – wir brauchten neuneinhalb; ich glaube, es war der längste Hüttenanstieg meines Lebens. Die Summe aus den schweren Rucksäcken, dem unbekannten Weg im Nebel, dem morschen Schnee und einem zu schnellen Wechsel von der Großstadt Frankfurt ins Hochgebirge waren der Grund für die »Verspätung«.

Zwei Bilder, zwei Momente eines langen und beschwerlichen Wegs. An einem Moränenhang hatte Schmelzwasser Schlamm und Steine gelöst, in den Schnee geschwemmt und so diese dunklen Rinnen hinterlassen. Die Sicht ist begrenzt, der graue Nebel verstärkt die Stille, und jeder hängt mehr oder weniger seinen Gedanken nach.

Spalten im Jungfraufirn, 1973 – Seite 104

Gletscherspalten zählen zu den großen alpinen Gefahren. Es sind weniger die offenen und sichtbaren, als die unsichtbaren, unter trügerischen Schneedecken versteckten Spalten, die schon manchem zum Verhängnis wurden. Wer mit Ski durch solches Gelände fährt, braucht alpine Erfahrung und muß sein Sportgerät perfekt beherrschen.

Das Bild stellt Fragen und beschäftigt die Phantasie. Hat der Fahrer noch den Überblick, fährt er in eine Sackgasse, oder reizte es einfach, auf dem schmalen Rücken zwischen den dunklen Schründen hindurchzufahren? Die Schwärze in den Spalten unterstreicht das Geheimnisvolle.

Abfahrt im Persgletscher, 1973 – Seite 105

Einer der schönsten und bekanntesten Alpenberge ist der Piz Palü im Engadin. Ihn mit Ski zu besteigen bringt das Vergnügen, runde 1800 Höhenmeter durch eine grandiose Gebirgslandschaft abzufahren. Dabei sollte man die Eisbrüche im Persgletscher nicht unterschätzen, wo ich eine Serie von Aufnahmen belichtete. Von meinen Schwarzweißbildern ist dieses, »Eisbär und Skifahrer«, am häufigsten veröffentlicht worden.

Unterwegs zur Noirehütte, 1965 – Seite 107

Hoch oben im Fauteuil des Allemands, einem riesigen Kar unter den Wänden und Türmen der Aiguille Noire de Peuterey, sammeln sich alle Schmelzwasser und Rinnsale zu einem Bach, welcher durch Rinnen und Klüfte, über Absätze und Felswände hinabspringt ins grüne Val Veny. Wer hinauf will zur kleinen Noirehütte, muß mehrmals den Bach queren, muß hindurch und vorbei an den prasselnden Wassern. Das macht den Aufstieg feucht und abwechslungsreich.

Zwei Menschen, vertraute Größen, geben den Maßstab, um die Szene richtig einzuordnen.

Bachbett der Maira (Mera), 1965 – Seite 108

Dicht unterhalb des Malojapasses, der Schwelle zwischen dem weiten, offenen Engadin und dem tiefeingeschnittenen Val Bregaglia, stürzen die Wasser des Fornogletschers hinunter zum Comer See. An mehreren Stellen haben die Talbewohner das wilde Fließen der Maira gezähmt, denn zu Zeiten der Schneeschmelze und bei starken Niederschlägen haben ihre Wassermassen immer wieder Verwüstung und Not gebracht.

Die Aufnahme vom Stativ ermöglichte eine lange Belichtungszeit und die damit verbundene kleine Blende. Daraus resultieren eine durchziehende Schärfe vom nahen Vordergrund bis in den Unendlichbereich und die Illusion des fließenden Wassers. Die Gegenlichtaufnahme entstand in der Mittagszeit bei hohem Sonnenstand – die beste Tageszeit für dieses Motiv.

Wildwasser, 1962 – Seite 109

Durch den Einschnitt eines Bergrückens stürzt der Bach wild, ungestüm und lärmend über Felsstufen und Blockwerk zu Tal – ungebändigt wie seit Jahrtausenden, von keiner Menschenhand geregelt, geleitet, verbaut, eingeengt, gelenkt. Sein Verhalten wird allein vom Wetter und den Jahreszeiten gelenkt. Altschneereste zeigen hier und dort, daß es ein langer Winter war. Während der ruhigen, kalten Zeit war der Bach nur ein Rinnsal unter einer dicken Schneedecke. Jetzt aber haben ihn die Wärme der hohen Sonne und die langen Tage mit Leben und Energie gefüllt.

Ganz flach wirft die Sonne ihre Strahlen durch dieselbe Öffnung, durch die auch die Schmelzwasser ihren Weg nehmen. Das Gegenlicht läßt alle Schwälle und Spritzer aufleuchten, die in seine Bahn geraten. Die Kamera steht auf dem Stativ, abgeblendet auf die kleinste Öffnung, um die größtmögliche Schärfentiefe zu nutzen. Die daraus resultierende Belichtung von einer halben Sekunde läßt das schnelle Wasser eine entsprechende Strecke zurücklegen, die dann im Bild sichtbar wird.

Findelenbach bei Zermatt, 1962 – Seite 110

Kaum ein anderer Eisstrom der Alpen ist so stark abgeschmolzen und hat seine Zunge so weit zurückgezogen wie der Findelengletscher. Seit dem Zeitpunkt seiner stärksten Ausdehnung in der Mitte des vorigen Jahrhunderts liegt der Rückzug heute bei etwa drei Kilometern. Die Wasser des Findelengletschers bilden den gleichnamigen Bach, der sich unten in Zermatt mit der Mattervispa vereinigt.

Wie so oft erzeugt das Gegenlicht eine Stimmung und Atmosphäre, die einen zur Kamera greifen läßt. Nur einmal am Tag, am Morgen, scheint die Sonne durch die enge Schlucht, läßt den Wasserstaub aufleuchten, schafft strahlende Reflexe auf den schwarzen, nassen Felsblöcken. Die dreißigstel Sekunde Belichtungszeit entsprach dem erlebten Eindruck am weitesten.

Wasserfall mit Person, 1965 – Seite 111

»Zur rechten Zeit am rechten Platz« – ein alter und besonders für Landschaftsphotographen wichtiger Satz hatte auch für diese Aufnahme seine volle Gültigkeit, denn nur zu einer bestimmten Tageszeit gab es für einige Minuten diese Lichtsituation. Starke Niederschläge in den vergangenen Tagen ließen den kleinen Bach anschwellen, der mit Donner und Getöse aus einer Rinne über steile Wände schoß und sich in mehrere Arme aufteilte. Eine überhängende Felspartie schickt das Wasser frei durch die Luft, und bevor es auf die geneigten Felsbänke prasselt, bläht der Wind die nassen Schleier auf. Die hochstehende Mittagssonne trifft auf Milliarden von Tröpfchen und bringt sie vor dem dunklen, im Schatten liegenden Hintergrund zum Leuchten.

Wasserfall, 1971 – Seite 113

Die Südseite der Annapurnakette, und hier besonders die Modi-Khola-Schlucht, ist eines der niederschlagsreichsten Gebiete in Nepal. Auf beiden Seiten der tiefeingeschnittenen Schlucht wachsen dichte Bergurwälder bis in Höhen von nahezu 4000 Metern. Die Vegetation ist üppig, und selbst an senkrechten Felswänden gedeihen hinter Rinnsalen grüne Pflanzensterne, Moospolster und Grasbüschel. Die Aufnahme wurde vom Stativ, bei völlig bedecktem Himmel, eine halbe Sekunde lang belichtet. So wurde das fallende Wasser verwischt dargestellt, woraus sich auf der Photographie die Illusion des Fließens ergibt.

Baum am Ahornboden,
Karwendel, 1965 – Seite 115

Es war einmal ein Talboden, der war so schön und wunderbar, daß die Menschen das Tal und die gesamte Umgebung unter Naturschutz stellten – sie wollten diese Gegend vor anderen Menschen schützen. Dann hatten einige die Idee, möglichst vielen Leuten das Tal zu »erschließen« – man dachte hauptsächlich an die Alten, Kranken, Gebrechlichen, auch an solche, die ständig unter Zeitnot leiden. Einem so großen sozialen und menschlichen Engagement konnten die obersten Staatsdiener nicht widerstehen, und sie genehmigten den Straßenverkehr bis beinahe unter die Felswände. Es handelt sich hier um den Großen Ahornboden im größten Naturschutzgebiet der Ostalpen.

Wieso und warum unser Baum im Bild ein so eigenartiges Aussehen erlangt hat, ist schwer zu erfahren. Vielleicht schlug einmal der Blitz ein, hat den Stamm gespalten, der sich dann unter dem Gewicht der Krone so stark verformte?

Buchengruppe, 1965 – Seite 116

Seit Jahren kannte ich diese Gruppe von Bäumen am Rande des Großen Feldbergs im Taunus. Immer wieder verweilte ich dort beim Vorbeikommen, und es wurde mein Wunsch, ein Bild von ihnen zu machen. Dicht gedrängt stehen sie um den dicksten Stamm in der Mitte, als wollten sie nicht allein sein, als suchten sie Schutz, nicht nur vor den Unbilden der Witterung, sondern eher vor der Zerstörungswut und Dummheit vieler Menschen. Der Reif des Winters macht sie sichtbar, die Wunden und Narben, die Oberfläche der Stämme. Der trübe Tag im Januar, die kleine Blende 22 und der Film von niedriger Empfindlichkeit ergaben eine Belichtungszeit von einer Sekunde.

Vier verschneite Stämme, 1965 – Seite 117

Schlechtes Wetter in den letzten Januartagen hatte die Wälder der Mittelgebirge in eine Märchenlandschaft verwandelt. Das kommt nicht häufig vor, und man kann von Glück sprechen, dann unterwegs zu sein. Wind, Schneefall, feuchte Luft und Minusgrade waren die Gestalter dieser Winterszenerie.

Zur Zeit der Aufnahme war der Himmel bedeckt, die Beleuchtung diffus und kontrastarm. Um trotzdem ein gutes Negativ zu bekommen, belichtete ich den Film unter, um einen Wert kürzer, und verlängerte später entsprechend die Zeit der Entwicklung.

Lebensbaum mit Felsblock, 1974 – Seite 118

Hoch über dem Rakhiotgletscher, er fließt auf der Nordseite des Nanga Parbat, bemerkte ich am obersten Rand der alten Seitenmoräne in 3600 Meter Höhe diesen Lebensbaum (Thuja). Es schien mir, sein Schicksal sei besiegelt, denn nur einige Wurzeln fußten noch im Erdreich, die wenige Zweige mit Energie versorgten. Beim Anblick seiner labilen Lage und der unaufhaltsamen Erosion der Moräne hätte man ihm noch höchstens zwei bis drei Jahre gegeben.

Elf Jahre später kam ich wieder mit einer Gruppe zum Nanga Parbat. Wir gingen denselben Weg wie damals, und ich photographierte, ohne es zu wissen, wieder denselben Baum an der Kante der Moräne – diesmal in Farbe. Beim Vergleich der beiden Aufnahmen stelle ich fest, daß die elf Jahre nicht viel verändert haben. Der Felsblock liegt noch, und einige Zweige tragen grüne Blätter.

Bergarhorne im Oberreintal, 1966 – Seite 119

Ein wildromantischer Fleck, einer der schönsten Plätze im Wettersteingebirge ist zweifellos das Hochkar des Oberreintals. Der steinige, felsige Kessel mit einigen Grasflecken, Fichten und Ahornbäumen ist auf drei Seiten umgeben von Wänden, Graten und Türmen, ein Paradies für Kletterer. Mitte Oktober kam ich herauf, um Aufnahmen von extremen Routen für ein Kletterbuch zu machen. Meiner Arbeit war das Wetter nicht sonderlich zugetan, denn eine dicke Nebelsuppe versperrte die Sicht auf alles, was weiter als einen Steinwurf entfernt war. Der Nebel schuf eine geheimnisvolle Atmosphäre, verhüllte vieles, ließ aber auch Formen und Umrisse der nahen Bergahorne deutlich heraustreten. Ein wenig Umherlaufen war notwendig, um den günstigsten Ausschnitt zu finden.

Verwitterte Stämme eines Stadels im Engadin, 1968 – Seite 120

Nicht nur in vielen Gebieten der Alpen, sondern auch in anderen Gebirgen der Erde haben die Bewohner ihre Häuser, Hütten und Stadel in Blockbauweise errichtet. Für Heustadel wurden sehr häufig die nur wenig bearbeiteten Rundhölzer verwendet, um den Aufwand niedrig zu halten und dem Heu die entsprechende Belüftung zu geben.

Die drei Stämme im Bild sind der Ausschnitt eines Stadels, in dem Bauern seit vielen Generationen ihr Heu verwahren; sein Alter liegt bei rund 400 Jahren. Die lange Zeit hat das Holz gezeichnet und verändert. Wer sich Muße nimmt zum Schauen, kann darin lesen, kann seine Phantasie auf Reisen schicken und Dinge erkennen, die dem Eiligen verborgen bleiben. Eigentlich ist dies ein Querbild, doch wegen einer besseren optischen Wirkung habe ich es hochgestellt.

Verwitterte Stämme eines Stadels in den Dolomiten, 1973 – Seite 121

Fünf Jahre später machte ich noch mal ein ähnliches Bild, diesmal auf den Almböden zwischen Langkofel und Sellastock. Auch hier wird seit Jahrhunderten das Land genutzt bis dicht unter die Felswände. Einige Hütten und Stadel sind so alt, daß ihnen Denkmalschutz gebühret, denn in ihnen steckt ein Stück Geschichte der Bergbauern – Geschichte vom einfachen Leben. Holz ist lebendig und einmalig, das ist sichtbar in seiner Struktur, in den Knorzen, Maserungen, Jahresringen. Bäume, besonders jene im Hochgebirge, sind ausgeprägte Individuen.

In Motiven wie diesem sehe ich Landschaftsbilder im Detail. Das schwache Sonnenlicht kam steil, warf Schatten und modellierte die rauhe Oberfläche heraus.

Christus, 1972 – Seiten 122 und 123

Überall auf unserer Erde versuchen Menschen, ihrer Religion, ihrer Frömmigkeit mit unterschiedlichen Mitteln Ausdruck zu verleihen. Die großen Bauten, die Dome der Christen, Moscheen der Muslime, Tempel der Hindus oder Klosteranlagen der Buddhisten, beeindrucken und faszinieren den Verstand; die Seele und das Herz bewegt eher der kleine Schrein am See, die Gebetsfahne an einem Paß oder das einfache Kruzifix an einer Weggabelung. Wer sich vom Grödner Joch auf den Weg macht, hinaufsteigt zu den Cirspitzen und weiter geht in Richtung Puezhütte, trifft am Crespeinajoch, 2528 Meter hoch, diesen geschnitzten Christus an seinem groben Holzkreuz. Seit Jahrzehnten steht er hier, bei Wind und Wetter, zu allen Jahreszeiten. Es lohnt sich zu verweilen – er hat jedem etwas zu sagen. Ob sie ihn heute wieder ans Kreuz hängen würden?

Höfe bei Disentis, Graubünden, 1969 – Seite 125

Disentis in Graubünden ist bekannt durch seine Abtei und eine großartige Klosterkirche. Auf der Fahrt in die Walliser Berge – wie oft bin ich hier vorbeigekommen – fiel mir erstmals die andere Talseite auf. Es war Mitte September, und auf den Wiesen wurde das letzte Heu gemacht. Ganz flach fiel das Licht, warf lange weiche Schatten, ließ die Bäume leuchten und schaffte eine romantische Stimmung. Harmonisch empfinden wir solche Landschaften ohne Fremdkörper – die Dinge passen zueinander und sind wohl geordnet.

Terrassen in Nepal, 1972 – Seite 126

Nepalreisende sind beeindruckt von den Terrassenlandschaften, von den Millionen Feldern, auf denen das »täglich Brot« der Nepali gedeiht. Skurril bis phantastisch sind die Formen und Linien, die sich ganz der Struktur des Geländes anpassen; manche Terrassen sind so klein wie eine Tischplatte, andere so groß wie ein Fußballplatz. Terrassen werden zwischen 400 und 4400 Meter Meereshöhe angelegt. Es gibt Bergflanken in Nepal mit einem Höhenunterschied von 1500 Metern, auf denen sich vom Talgrund bis zum Gipfelrücken ein Feld über das andere reiht. Sie sind Ausdruck von Fleiß und harter Arbeit, mit ihnen sind Plage und Schicksale vieler Menschen verbunden.

Almhütten bei Thame in Nepal, 1972 – Seite 127

Die Sherpasiedlung Thame liegt 3800 Meter hoch auf einer breiten Terrasse, an der Verbindung zweier Täler. Das eine führt westlich zum Trashi Labsta und das andere nach Norden zum Nangpa La, dem Grenzpaß nach Tibet. Diesen überschritten die Sherpa bereits vor mehr als 400 Jahren, als sie aus dem Osten Tibets kamen, um auf der Südseite der Himalayakette bessere Lebensbedingungen zu suchen. Der Paß ist auch heute noch eine wichtige Verbindung für den kleinen Grenzverkehr.

Es war Mitte Mai, als ich von einem erhöhten Standpunkt aus die Aufnahme belichtete. Die kleinen Kartoffeläcker sind bestellt, und bald wird der Monsun den Regen bringen. Über Generationen hinweg haben die Sherpa dem Ödland diese Felder abgerungen und mit den zusammengelesenen Steinen Mauern errichtet, damit der Wind die kostbare Krume nicht davonträgt.

Oberreintalhütte, 1966 – Seite 129

Landschaftsphotographie, egal ob im Flachland oder im Hochgebirge, heißt immer wieder Warten und Geduld aufbringen. Irgendwann endet der Regen, die Luft ist klar, und die Sonne lacht. Das Motiv ist eingetaucht ins Gegenlicht, es druchströmt das Herbstlaub der Ahorne, überzieht Steine und Blöcke mit hellen Säumen, reflektiert auf dem Dach der Oberreintalhütte. Das kleine, einfache Haus ist ein echtes Domizil für Bergsteiger geblieben – bis zum heutigen Tag.

Im Riesloch, Bayerischer Wald, 1969 – Seite 130

Große Waldlandschaften, Ruhe und Einsamkeit, würzige Luft, klare Waldbäche und stille Seen sind die Markenzeichen des Bayerwalds. Auf der Südseite des Großen Arber findet der Wanderer das Riesloch, eine klammähnliche Schlucht. Hier stürzt der Bach über Felsbänke, zwängt sich zwischen kleinen und riesigen Granitblöcken hindurch und erfüllt den Wald mit herrlicher Frische. Über Jahrtausende hinweg hat das Wasser mit seiner sanften Gewalt die scharfen Kanten von Granit und Gneis gerundet.

Hellgrün und zart ist das junge Blattgrün der Buchen, hell und glänzend das Wasser zwischen dunklen Felsen: das Ganze im Gegenlicht – riesige Kontraste. Leichte Überbelichtung und ausgleichende Negativentwicklung überbrückten die Gegensätze.

Almlandschaft bei Zermatt, 1969 – Seite 131

Die höchsten Berge der Schweiz, Tourismus im Sommer und Winter, Bergbahnen bis zum ewigen Schnee, dicht gedrängte Hotellandschaft und Matterhörner en masse als Umsatzförderer: All das ist außerhalb der Aufnahme geblieben. Dieses Bild ist nicht typisch für Zermatt, aber typisch für das Bergbauernland, das es auch noch gibt unter dem Matterhorn. Ende September, die Saison ist vorbei, die Hütten im Gebirge und die Hotels im Tal haben geschlossen. Die Ruhe der Berge macht sich wieder bemerkbar.

Lange Schatten beherrschen das Bild, kleinste Buckel und Mulden treten plastisch hervor. Das Licht der untergehenden Sonne ist mild, hat die Härte des Mittags verloren und schafft eine wohltuende Atmosphäre. Almhütten, Wege und Kühe bilden eine harmonische Einheit mit der Natur. Das starke Breitformat und die horizontalen Linien verstärken den Eindruck der Stille.

Im Valtournanche, 1968 – Seite 132

Auf der Südseite des Matterhorns, im Valtournanche, liegt dieser kleine Ort, nur wenige Kilometer von der berühmten, scheußlichen Skistation Breuil/Cervinia entfernt. Welche Gegensätze – dort Cervinia, eine Anhäufung von häßlichen Hochhäusern, erbaut von fremden Leuten mit sehr viel Geld, sehr wenig Geschmack, ohne Gefühl für Natur und Harmonie. Hier dagegen eine gewachsene Siedlung, arm, streng und einfach, der Landschaft angepaßt. Die Menschen sind mit ihren Häusern zusammengerückt, um den kostbaren Boden für die Felder zu nutzen. Sie haben das Land terrassiert, um ihm Halt zu geben und der Erosion vorzubeugen. Die Aufnahme suggeriert Abgeschiedenheit, Ruhe und Einsamkeit, aber auch Armut, Entbehrung, hartes Leben und die latente Bedrohung durch den Berg. Das Bild jedoch täuschte schon damals, im Jahre 1968, weitgehend, denn die beschriebene Situation stimmte in vielen Punkten seit Jahren nicht mehr. Da war die stark befahrene Straße, die Abwanderung junger Leute und der Skiboom im nahen Cervinia, der so viele Änderungen ins Valtournanche brachte. Wie wird es heute, 25 Jahre später, dort aussehen?

La Grave, Dauphiné, 1968 – Seite 133

Weit im Südwesten des Alpenbogens, in der wilden Gebirgsgruppe der Dauphiné, liegt La Grave in einer Höhe von rund 1500 Metern im Tal der Romanche. Das Schaustück im Süden ist die berühmte 3983 Meter hohe Meije. An jenem Tag im Januar hing die Wolkendecke tief, die Gipfel waren nicht einmal zu ahnen; ich spurte durch den frischen Schnee zu einem erhöhten Punkt, wegen der besseren Sicht auf den Ort. Eine gewisse Melancholie lag in der Luft, kaum ein Laut war zu hören. Bleich und ohne Struktur lag der Schnee auf den Blechdächern, als wollte er die graue Trostlosigkeit verdecken.

Soglio im Bergell, 1971 – Seite 134

Hoch über dem Val Bregaglia, zwischen Engadin und Comer See, liegt auf einer nach Süden geneigten Terrasse eine der schönsten Ortschaften im Alpenraum. Auf der Talseite gegenüber erheben sich über dunklen Waldbergen die Gipfel der Bondascagruppe. Die zwei- bis dreistöckigen Gebäude von Soglio sind so dicht zusammengerückt, daß sich die Dächer über den engen Gassen nahezu berühren. Was man nicht vermutet zwischen den schlichten Häusern, sind die Paläste der Herren von Salis. Allen Bauten gemeinsam sind die typischen mit Granitplatten gedeckten Dächer. Wer nach Soglio will, sollte das Auto im Tal lassen, seine Beine gebrauchen und den herrlichen Weg nehmen, der in Stampa beginnt – er wird es sicher nicht bereuen. Hochstehende Sonne, gleißendes Licht und dunkle Schatten ergaben ein Bild harter Kontraste, die durch die Struktur der Dächer jedoch gemildert wurden.

Marpha in Nepal, 1973 – Seite 135

Marpha ist eine der interessantesten Siedlungen in Nepal. Am Oberlauf der Kali Gandaki, in einer windgeschützten Mulde am Rande des Tales, haben die Thakali ihr Dorf erbaut. Marpha liegt im Norden der Himalayakette an einer alten Handelsroute zwischen Tibet, Nepal und Indien. Hier war nicht nur ein wichtiger Umschlagplatz für verschiedene Güter, hier wurden auch die Lasten umgeladen auf Mulis, denn Yaks vertragen das Klima der tiefliegenden

Zonen nicht. Gründe für diese fremdartige Bau- und Siedlungsweise sind das aride Klima und der täglich heftig wehende Talwind. Kompakte Bauweise, Innenhöfe, die gewundene »Hauptstraße« (links im Bild) und die ringsum gestapelten Holzvorräte auf den Flachdächern bieten Schutz vor Wind und Sonneneinstrahlung.

Galerie am Montgenèvre, 1968 – Seite 136

Zwischen Frankreich und Italien, genauer zwischen Grenoble und Turin, führt eine der ältesten Paßstraßen über die Alpen. Schon die Römer benutzten (388 vor Christus) den 1854 Meter hohen Übergang. Mit Hilfe von moderner Technik und Betonbauweise wurde es möglich, lawinengefährdete Straßenabschnitte zu überdachen. Seitdem ist die Paßstraße auch im Winter befahrbar.

Bereits während der Fahrt durch die Galerie erkannte ich Möglichkeiten für eine Aufnahme. Bögen aus Beton und solche aus Licht, Rhythmus und Schwung, alles gerundet, zigfache Wiederholung und starke Perspektive. An jenem Tag im Januar gab es kaum Verkehr, so daß ich Stativ und Kamera in der Straßenmitte aufbauen konnte. Wegen extremer Kontraste richtete ich die Belichtung auf die Decke und Wände aus, was zur Überbelichtung in den Lichtern führte.

Alte Treppe im Aostatal, 1967 – Seite 137

Auf der Südseite des Montblanc, irgendwo zwischen Courmayeur und Aosta, gibt es diese alte Treppe zwischen grauen, bröckelnden Fassaden – mehr Vergangenheit als Gegenwart. Wenn die Treppe reden könnte, sie hätte so viel zu erzählen; was hat sie nicht alles erlebt. Über Jahrhunderte, sommers wie winters, bei Tag und bei Nacht, sind unzählig viele Füße hinauf- und hinuntergestiegen.

Nach einem Regen machte ich das Bild. Auf den abgetretenen Stufen bewirkte die Nässe helle Lichtkanten, und die feuchten Blätter reflektierten das Himmelslicht.

Lawinenverbauungen, 1990 – Seite 139

Wintersport, Fremdenverkehr und zunehmender Wohlstand im Gebirge brachten es mit sich, daß heute jede Ortschaft und fast jeder Weiler auch während des Winters mit dem Auto zu erreichen sind. Große Anstrengungen waren und sind noch immer notwendig, um der jährlich wiederkehrenden Lawinengefahr zu begegnen. Mit Beton, Eisen und Technik ist man der Natur entgegengerückt, und oberflächlich gesehen sogar mit »Erfolg«.

Am Arlberg in Österreich machte ich im Frühjahr dieses Bild, beeindruckt von den unverhältnismäßig vielen, massiven Eisenzäunen, die so stark im Kontrast standen zum zarten, filigranen Buschwerk. Hier lebendige Natur, dort Menschenwerk – tot, überdimensional, abschreckend. Der Mensch wehrt sich gegen die Natur, fürchtet sie, grenzt sie aus und errichtet Zäune.

Betonpfeiler im Eisacktal, 1991 – Seite 140

Brenner, zwischen Österreich und Italien, nur 1370 Meter hoch, einer der wichtigsten und ältesten Übergänge im gesamten Alpenbogen. Eisenbahn, Straße und Autobahn, alle drei drängen sich nicht nur über die Paßhöhe, sondern auch durch die Täler auf beiden Seiten. Im Eisacktal wird es so eng, daß manche Pfeiler der Autobahn direkt im Flußbett stehen. Der Verkehr wächst weiter, ebenso auch das Leid und der Widerstand vieler Talbewohner.

Im Bild einige von Hunderten, bis zu 80 Meter hohen Betonsäulen, welche es unter anderem ermöglichten, die an so vielen Stellen »unpassende« Natur zu überlisten. Das kleine Haus ist eigentlich ein großes Haus – immerhin eines mit drei Stockwerken und vier Balkonen. Seinen Bewohnern wurde der Ausblick nicht ganz verwehrt, sie können zwischen den Pfeilern hindurchschauen.

Parkplatz am Grimselpass, 1987 – Seite 141

In der Schweiz, zwischen dem Haslital im Norden und dem Rhônetal im Süden, verbindet der 2165 Meter hohe Grimselpaß das Berner Oberland mit dem Wallis. In den Alpen eine Paßstraße von vielen, im Winter geschlossen und im Sommer, je nach Wetter und Uhrzeit, gefüllt mit Autos, Bussen und Motorrädern.

Mitte Juli und früher Abend: Am Rande des leeren Parkplatzes am Grimselpaß liegen schmutzige Schneereste vom Winter. Grauer Himmel und eine schwere, schwarze Wolkenbank verheißen nichts Gutes.Trostlos und bedrückend ist die Stimmung, unterstrichen durch die weißen Rechtecke für ordnungsgemäßes Parken.

Fenster der Konkordiahütte, 1969 – Seite 143

Mehrere große Firne und Gletscher bilden den Konkordiaplatz im Berner Oberland, wo der längste und mächtigste Eisstrom der Alpen, der Große Aletschgletscher, seinen Lauf beginnt. Gute hundert Meter darüber auf einer felsigen Terrasse des Faulbergs liegen die beiden Konkordiahütten. Anfang Mai kamen wir mit schweren Rucksäcken hierher, um Skitouren in der Umgebung zu machen. Das Wetter war schlecht; Nebel, Sturm und Schneefall vereitelten jedes Unternehmen. Während einer kurzen Wetterberuhigung entdeckte ich die zerbrechlichen Formen und Strukturen aus Eis und Schnee, die sich auf der Wetterseite an Wänden und Fenstern der Hütte gebildet hatten. Das Licht war hell, völlig diffus und warf keine Schatten. Trotz der weichen Beleuchtung ergab sich aus dem Schnee, dem grauen Mauerwerk und den dunklen, verwitterten Holzläden ein guter Helligkeitskontrast.

München 1993
2. Auflage 1994

Umschlaggestaltung und Typografie: Wolfgang Lauter, München
Satz: AVAK Publikationsdesign, München
Lektorat: Anette Köhler
Lithographie: Fotolitho Longo, Frangart
Druck und Bindung: Arti Grafiche Dial, Cuneo

Printed in Italy

ISBN 3-7634-1115-1